汽车机械识图习题集

王玉凤 主 编

吕虹霖 施爱娟 陈晓云 副主编

北京理工大学出版社
BEIJING INSTITUTE OF TECHNOLOGY PRESS

内容简介

本习题集与北京理工大学出版社出版的由吕虹霖主编的《汽车机械识图》教材配套使用，本书主要内容包括：制图的基本知识与基本技能，物体的三视图、轴测图、组合体、机件的基本表达方法、标准件与常用件、零件图、装配图。本书习题类型丰富，训练全面，习题和作业的选用可根据专业要求自行确定。

本书可以作为高职高专、技师学院及成人教育学院汽车类、近机械类专业的教材参考书，也可以供其他各类学校相近专业的教师和学生使用或参考。

版权专有　侵权必究

图书在版编目（CIP）数据

汽车机械识图习题集/王玉凤主编. -- 北京：北京理工大学出版社，2016.8（2023.9 重印）
ISBN 978 - 7 - 5682 - 2875 - 6

Ⅰ．①汽… Ⅱ．①王… Ⅲ．①汽车 - 机械图 - 识图 - 高等职业教育 - 习题集　Ⅳ．①U463 - 44

中国版本图书馆 CIP 数据核字（2016）第 197295 号

责任编辑：赵　岩	**文案编辑**：赵　岩		
责任校对：周瑞红	**责任印制**：李志强		

出版发行 / 北京理工大学出版社有限责任公司
社　　址 / 北京市丰台区四合庄路 6 号
邮　　编 / 100070
电　　话 /（010）68914026（教材售后服务热线）
　　　　　　（010）68944437（课件资源服务热线）
网　　址 / http://www.bitpress.com.cn

版 印 次 / 2023 年 9 月第 1 版第 3 次印刷
印　　刷 / 廊坊市印艺阁数字科技有限公司
开　　本 / 787 mm × 1092 mm　1/16
印　　张 / 7
字　　数 / 164 千字
定　　价 / 21.00 元

图书出现印装质量问题，请拨打售后服务热线，负责调换

前　言

本习题集紧密围绕高等职业教育人才培养目标确定教材内容，根据汽车等近机械类专业特点和近年来课程体系改革趋势，结合多年教学经验编写，与同时出版的《汽车机械识图》教材配套使用。

本习题集注重知识应用性和培养能力素质，内容选择简练，基础理论浅显，以够用为度，加强识图练习，努力拓展空间想象能力。

本书在编写过程中，根据高职高专教育改革和发展对制图教学的新要求及岗位需要，将多年的教学、生产、培训及教学改革成果融入本书，突出职教特点，内容上考虑了就业实际需要和中级技术工人等级考核标准的要求，注重基础知识的讲解和识图能力的培养。内容全面，适应性强。授课教师可根据不同专业特点和教学要求对本书内容和顺序适当调整。

全书共分八个模块，主要包括：制图的基本知识与基本技能、物体的三视图、轴测图、组合体、机件的基本表达方法、标准件与常用件、零件图、装配图等内容。

参加本书编写的有烟台汽车工程职业学院的王玉凤、吕虹霖、施爱娟、陈晓云；其中，王玉凤为主编，吕虹霖、施爱娟、陈晓云为副主编。

本书在编写过程中，曾得到许多同行的热情支持，并参阅了许多国内外公开出版和发表的文献，在此一并表示感谢。

由于编者水平有限，书中难免存在不妥与疏漏之处，恳请读者批评指正。

编　者

目　　录

模块一　制图的基本知识与基本技能 …………………………………………………………（1）

模块二　物体的三视图 …………………………………………………………………………（10）

模块三　轴测图 …………………………………………………………………………………（33）

模块四　组合体 …………………………………………………………………………………（35）

模块五　机件的基本表达方法 …………………………………………………………………（49）

模块六　标准件与常用件 ………………………………………………………………………（75）

模块七　零件图 …………………………………………………………………………………（87）

模块八　装配图 …………………………………………………………………………………（101）

模块一　制图的基本知识与基本技能

1-1　字体练习。

字体工整笔画清楚间隔均排列整齐横平竖直注意起落

结构匀称填满方格机械制图标准名称技术审核日期轴

1-2 数字练习。

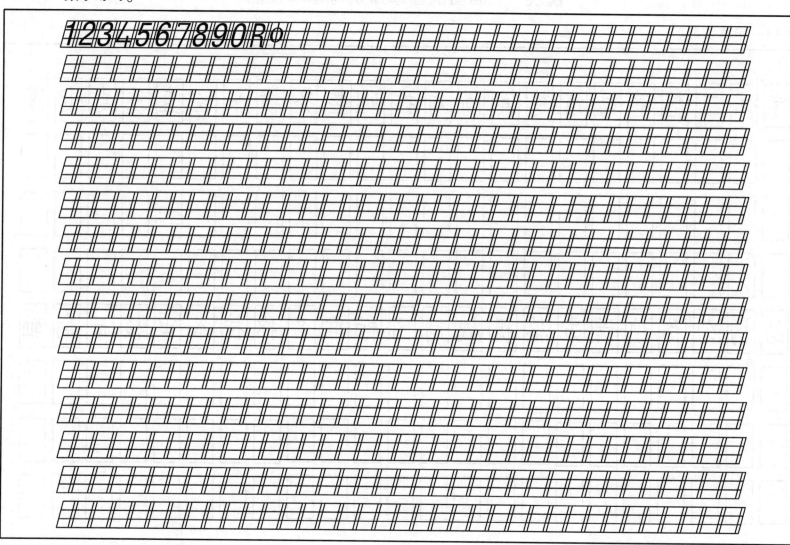

班级　　　　　姓名　　　　　学号

1-3 字母练习。

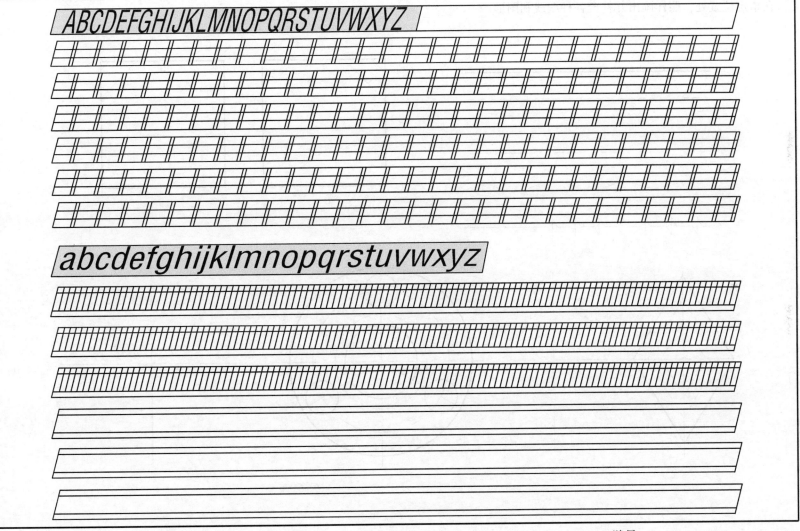

1-4 **图线练习。**

在指定位置处，照样画出并补全各种图线和图形。

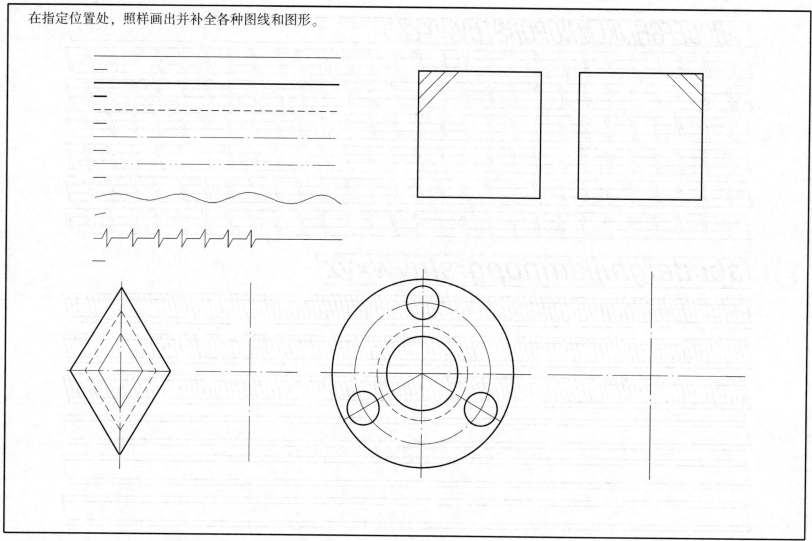

班级　　　姓名　　　学号

1-5 尺寸注法（一）。

1. 对比阅读下列两图，以便初学者避免标注尺寸时常犯的错误。

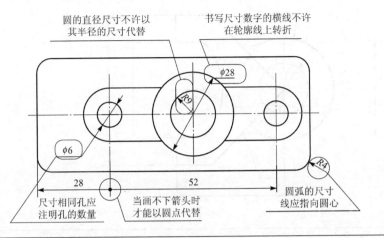
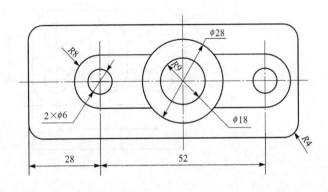

2. 在下列图形中填写未注的尺寸数字和补画遗漏的箭头，其数字的大小和箭头形状大小以图中注出的为准，尺寸数字按 1∶1 量取，取整数。

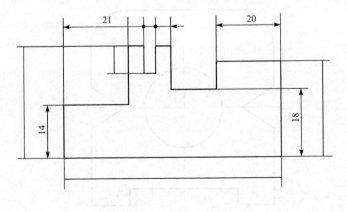
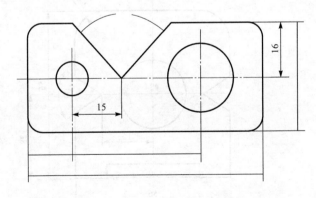

1-5 尺寸注法（二）。

1. 在下列图形中标注尺寸数值（从图中直接量取尺寸数值，并取整数）。

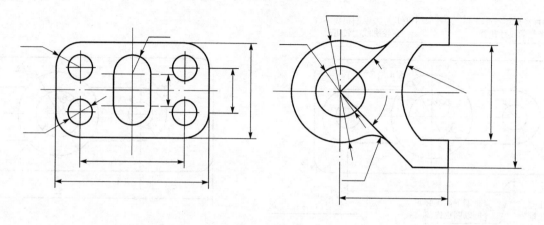

2. 分析左图中尺寸注法的错误，然后在右图中标注出正确的尺寸。

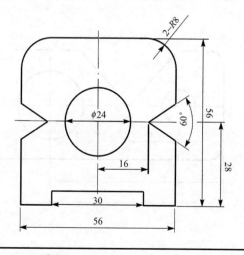 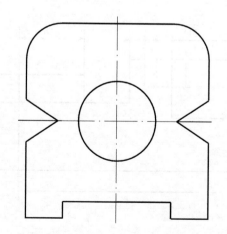

班级　　　　　　姓名　　　　　　学号

1-6 几何作图（一）

1. 按给定尺寸用1：1的比例将下图抄画在下边。

2. 作圆的内接正六边形。

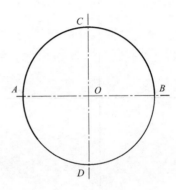

3. 参照右上角示意图，作1：4斜度图形。

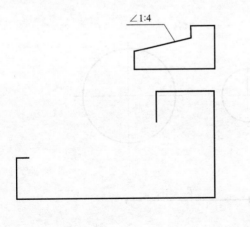

4. 参照右上角示意图，作1：3锥度图形。

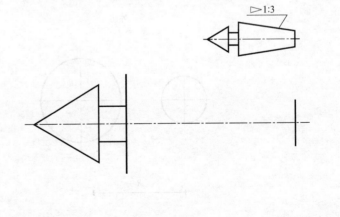

1-6 几何作图（二）

5. 已知椭圆长轴 70，短轴 45，用近似画法作椭圆。

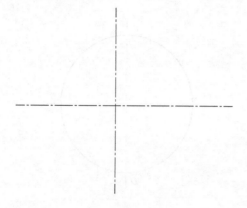

6. 用图中所给半径 R，作圆弧光滑连接两已知线段。

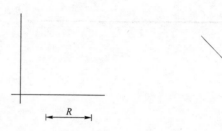

7. 用图中所给半径 R，光滑连接两圆弧。

外切   内切

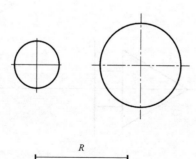
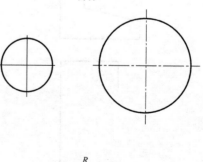

班级   姓名   学号

1－7 圆弧连接（根据图中的尺寸，按1：1抄画图形）。

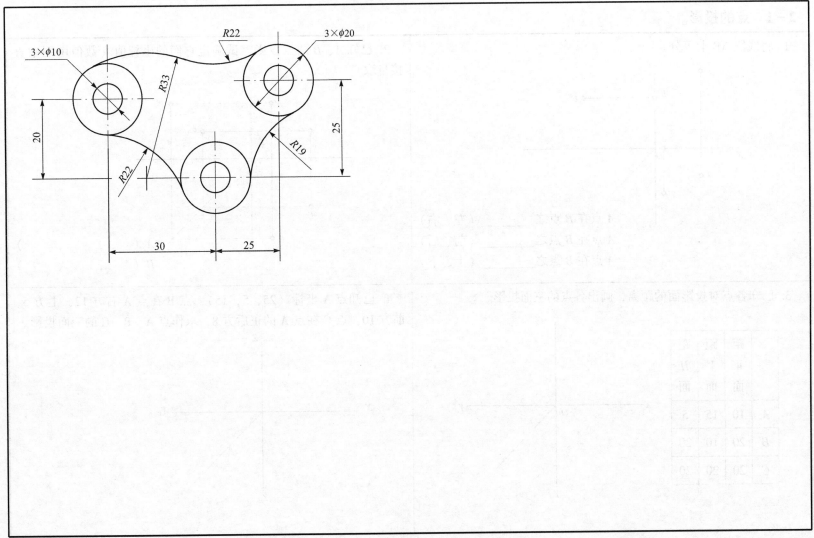

班级　　　　　姓名　　　　　学号

模块二 物体的三视图

2–1 点的投影。

1. 将线段 AB 七等分。

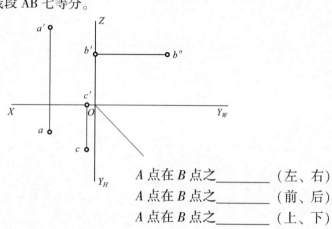

A 点在 B 点之_____（左、右）
A 点在 B 点之_____（前、后）
A 点在 B 点之_____（上、下）

2. 已知 A、B 两点投影，试确定它们的坐标值（数值由图中直接量取）。

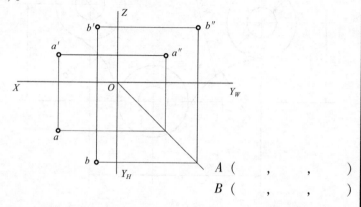

A（　　，　　，　　）
B（　　，　　，　　）

3. 已知各点对投影面的距离，画出各点的三面投影。

	距 W 面	距 V 面	距 H 面
A	10	15	5
B	20	10	20
C	20	20	20

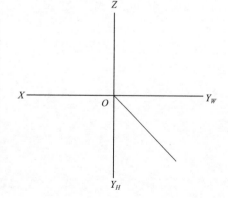

4. 已知点 A 坐标（25，5，15），点 B 在点 A 右方 12，上方 5，前方 10，点 C 在点 A 的正后方 8，求作点 A、B、C 的三面投影。

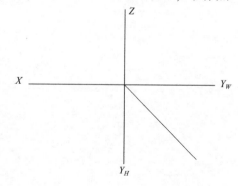

班级　　　　　　姓名　　　　　　学号

— 10 —

2-2 直线的投影（一）。

1. 补画出下列各直线的第三面投影，并说明它们各是什么位置直线。

(1)　　　　　　　(2)

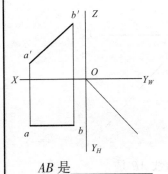

AB 是_____　　　CD 是_____

(3)　　　　　　　(4)

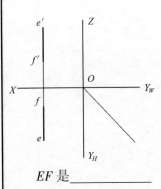 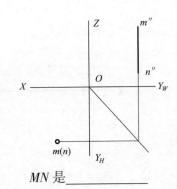

EF 是_____　　　MN 是_____

2. 根据立体图，在物体的投影图中标出 AB、BC、CD、DE 线段的三面投影，并说明它们各是什么位置直线。

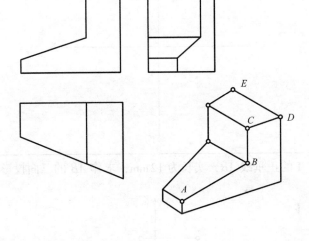

AB 是_____
BC 是_____
CD 是_____
DE 是_____

班级　　　姓名　　　学号

— 11 —

2-2 直线的投影（二）。

1. 已知点 A (30, 20, 20)，AB 实长为 20mm，求作正平线 AB（$\alpha=30°$）及 AB 与 W 面的倾角 γ。

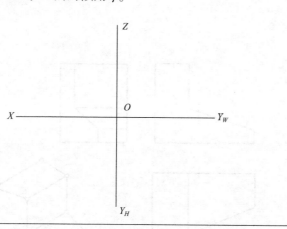

3. 求作 ab，判断 AB 的空间位置，并在图上标出它与 V 面夹角。

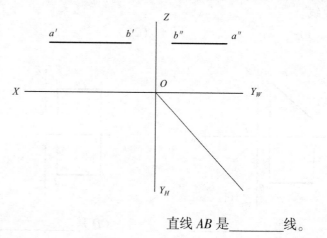

直线 AB 是_____线。

2. 过 A 的正垂线 AB，实长为 12mm，求作 AB 的三面投影。

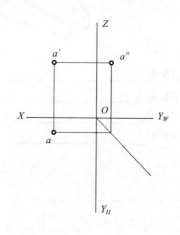

4. 求侧垂线 EF 的三面投影，已知 EF 长为 30mm，距 V 面 18mm，距 H 面 15mm，端点 E 距 W 面 40mm。

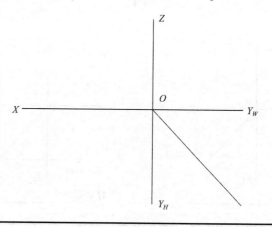

班级　　　　　　姓名　　　　　　学号

2-3 平面的投影（一）。

求平面的第三面投影，并判断它们的空间位置。

1.

平面是_____面

2.

平面是_____面

3.

平面是_____面

4.

ABC 面是_____面

班级　　　　　　　姓名　　　　　　　学号

2-3 平面的投影（二）。

从视图中给出的平面的积聚性投影"1"出发，在另两视图中找出平面对应投影（将其三面投影和轴测图中的相应表面涂色），并说明其空间位置。

1.

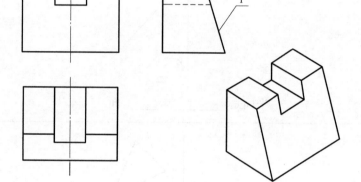

该平面是_____面

2.

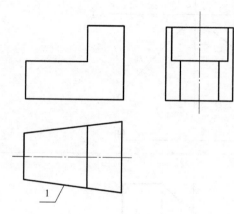

该平面是_____面

2－3 平面的投影（三）。

在立体图和投影图上将 P、Q 平面标注完整，并填写它们对各投影面的相对位置。

1.

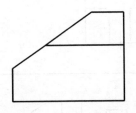

2.

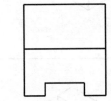

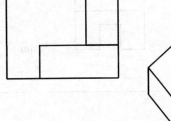 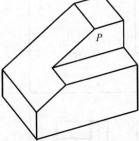

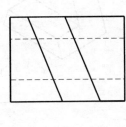 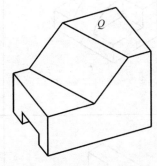

P: _____ V、_____ H、_____ W
Q: _____ V、_____ H、_____ W

P: _____ V、_____ H、_____ W
Q: _____ V、_____ H、_____ W

2-4 由立体图找出对应的三视图，并在括号内注出对应的图号。

2-5　在视图下方圆圈内填上对应的立体图的编号。

2－6 根据立体图与三视图的对应关系，选择正确的答案在括号内。

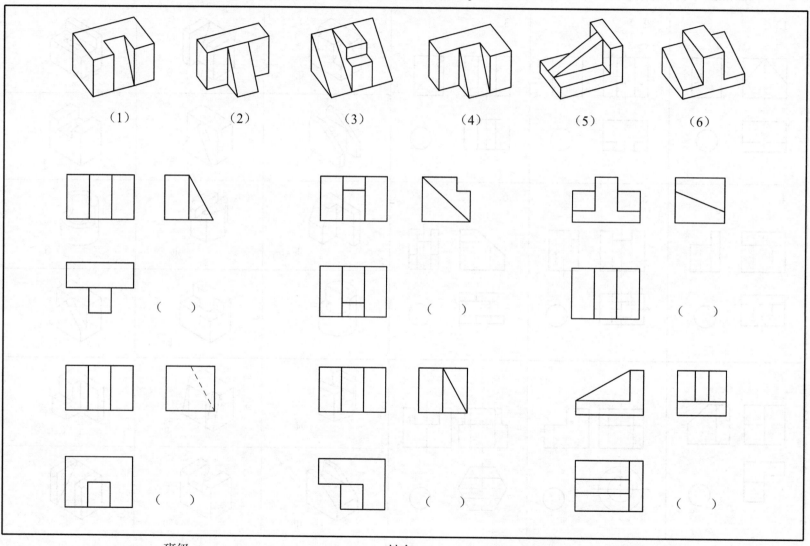

2－7 根据平面立体的两个视图,画第三视图。

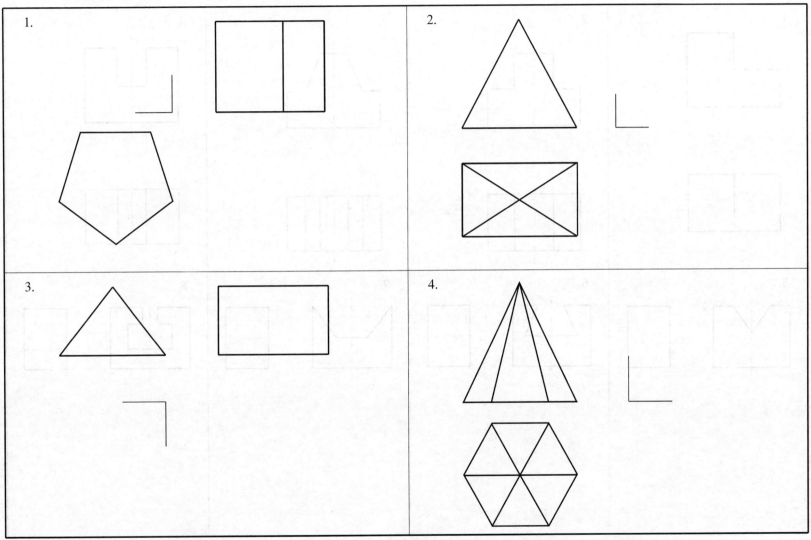

2-8 已知棱柱体的两视图，补画第三视图。

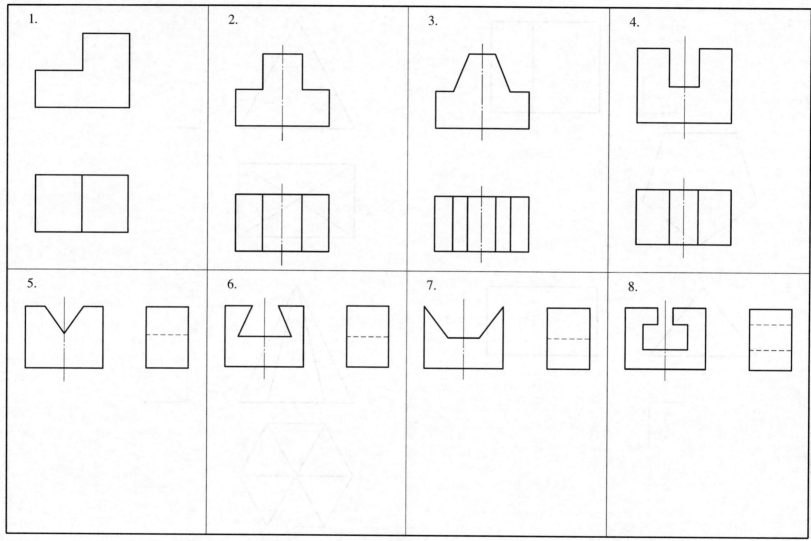

班级　　　　　　　姓名　　　　　　　学号

2-9 补全平面立体表面上的点的投影（不可见的投影加括号）。

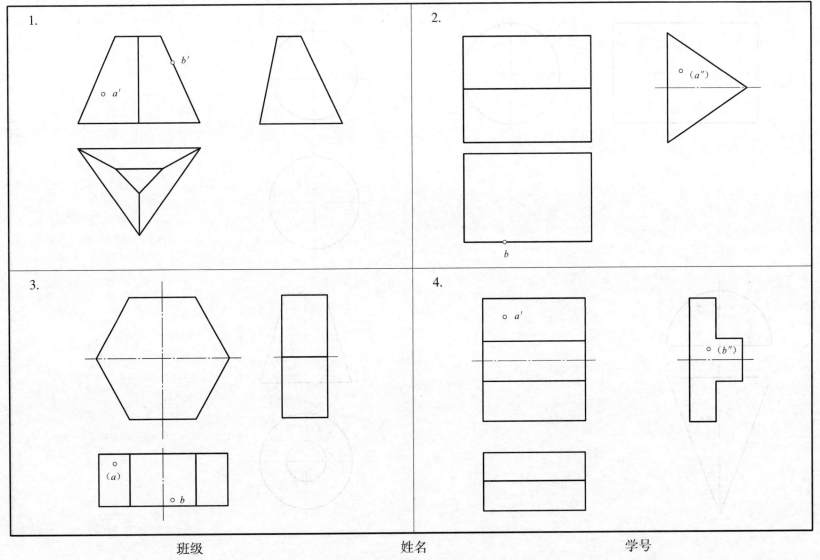

2-10 完成立体的三视图，并补全其表面上点的三面投影。

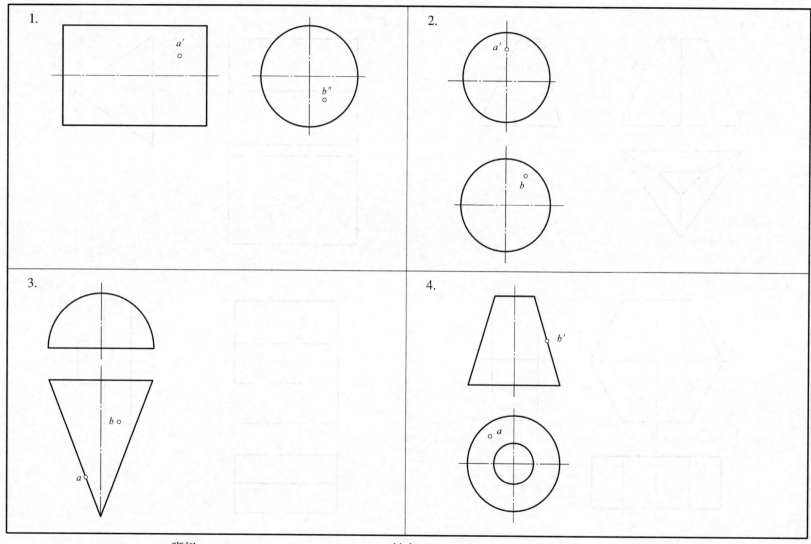

2-11 根据立体图，补全三视图。

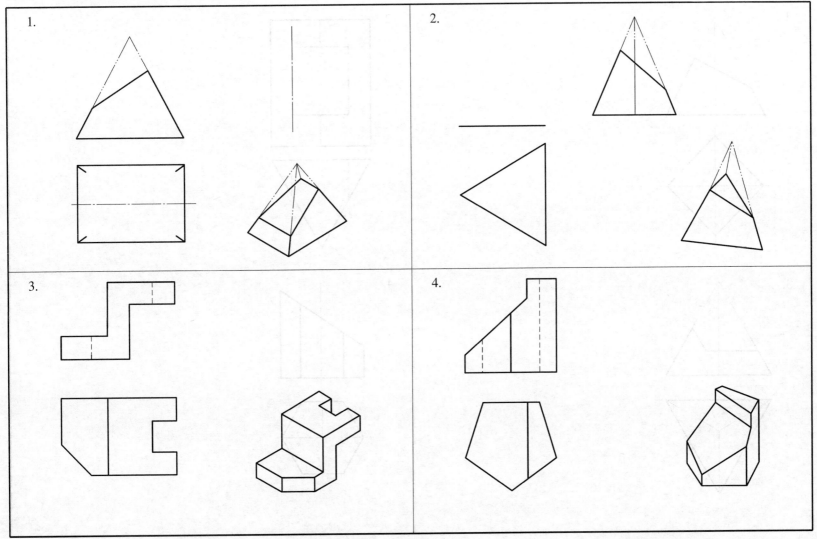

2-12 补画截交线，并完成三视图。

1.

2.

3.

4.

班级　　　　　　　姓名　　　　　　　学号

2-13 根据已知视图，完成三视图。

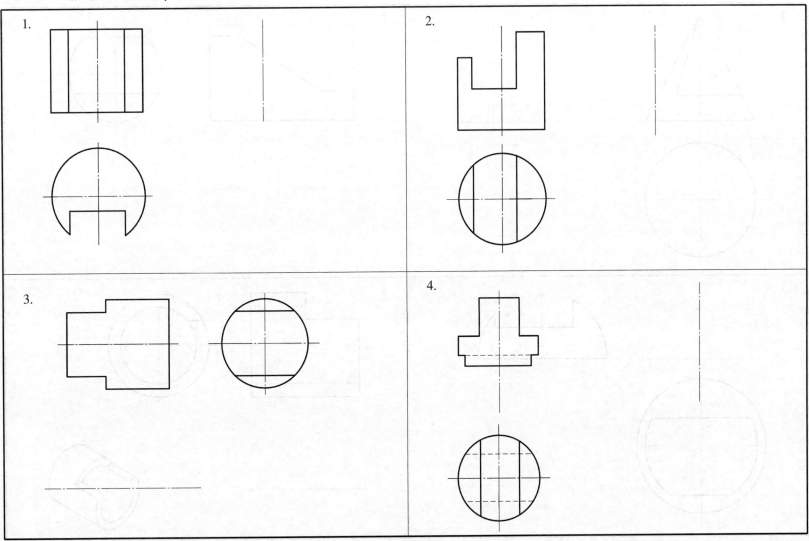

2－14 根据形体已知视图，完成其三视图。

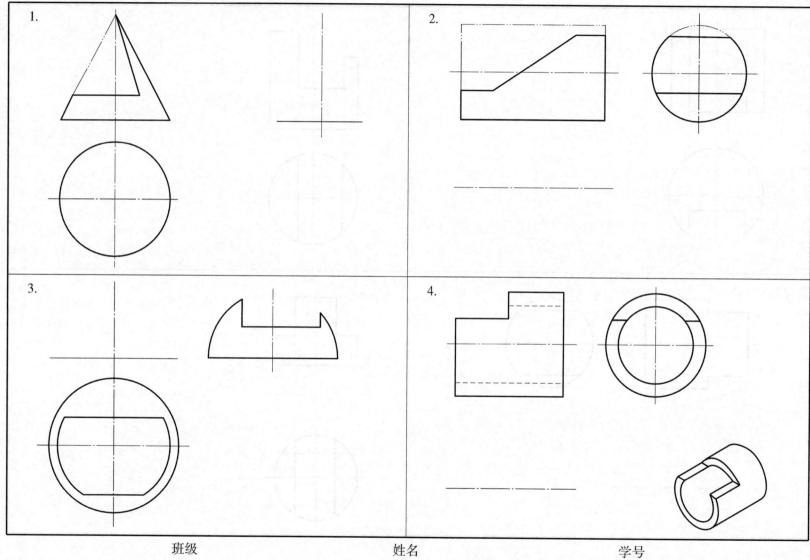

2-15 根据立体图和已知两视图完成切割回转体的第三视图（一）。

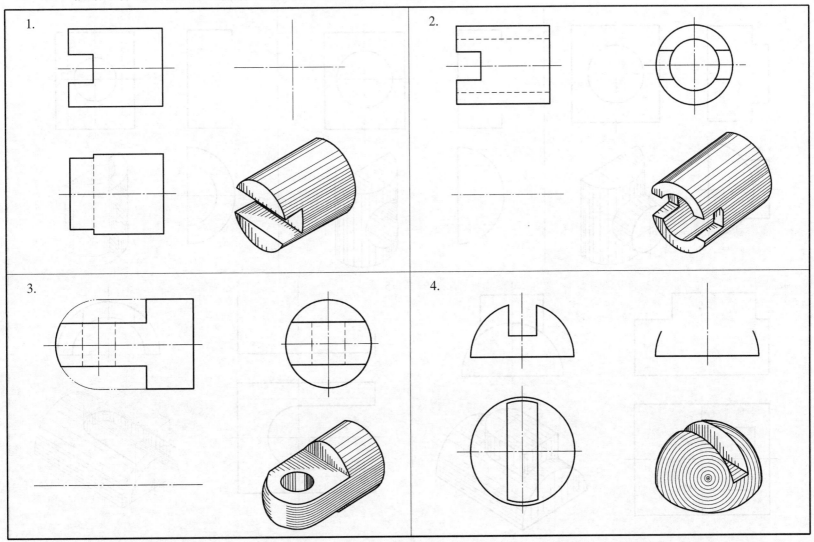

2-16 参照立体图和已知视图，补画出下列视图中的缺线。

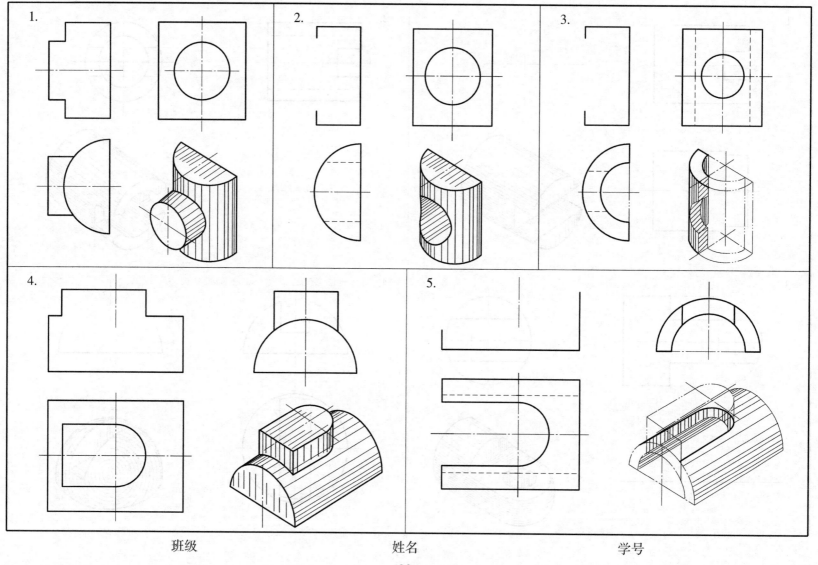

2－17 补画相贯线,完成三视图。

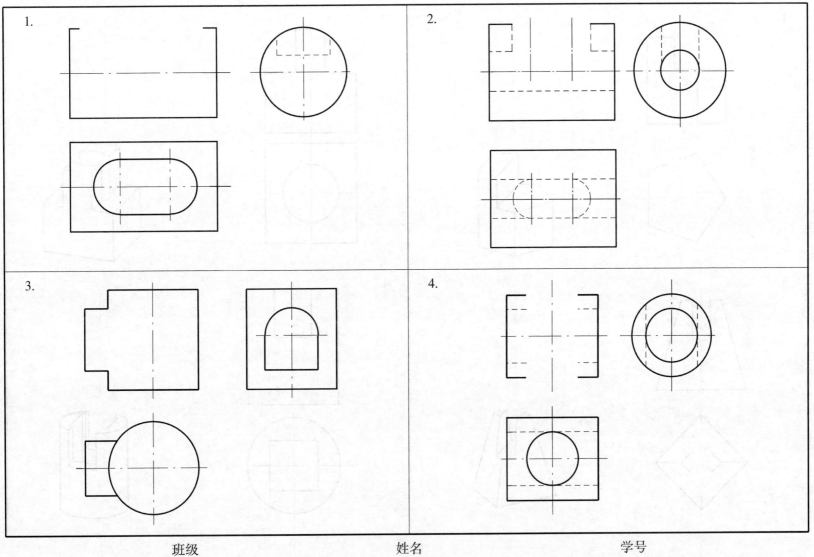

2-18 根据立体图与已知主视图,补画出俯视图中的缺线及左视图。

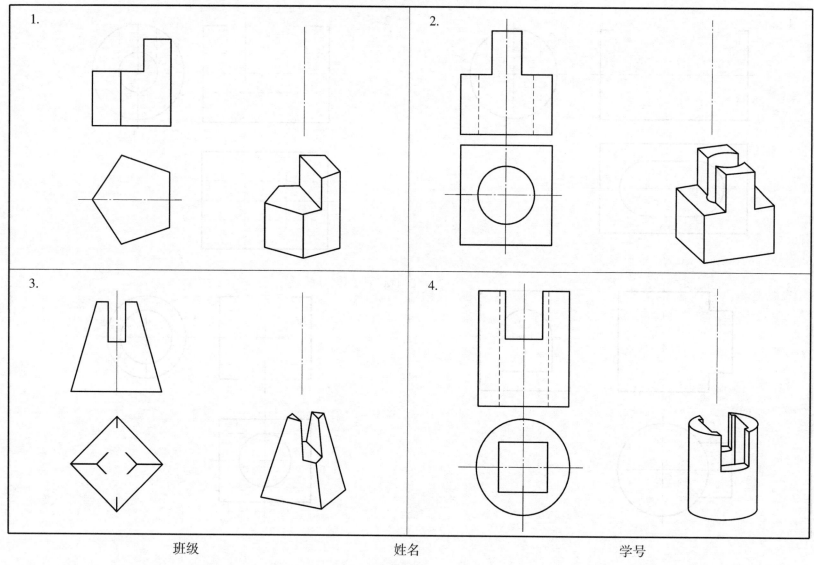

2－19 已知两视图，找出与其对应的第三视图（在正确的第三视图编号处打"√"）。

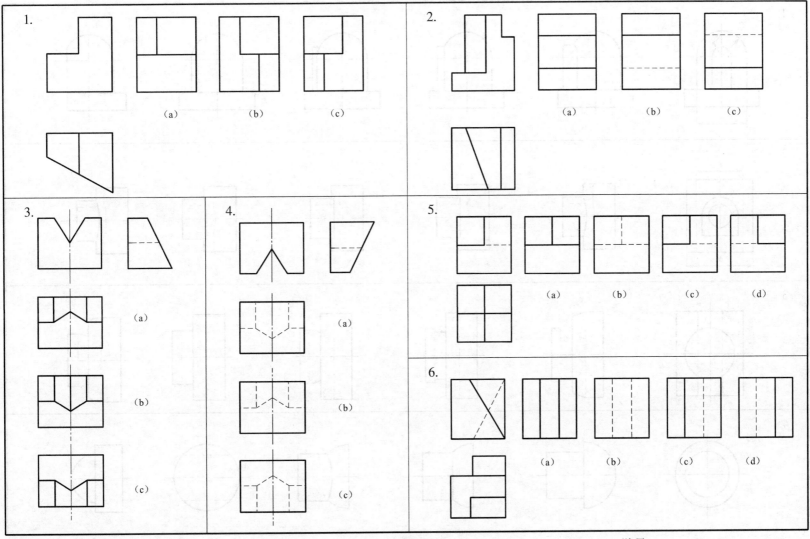

2-20 已知物体的主视图,选择正确的左视图(有多选,也有单选,在正确的左视图下打"√")。

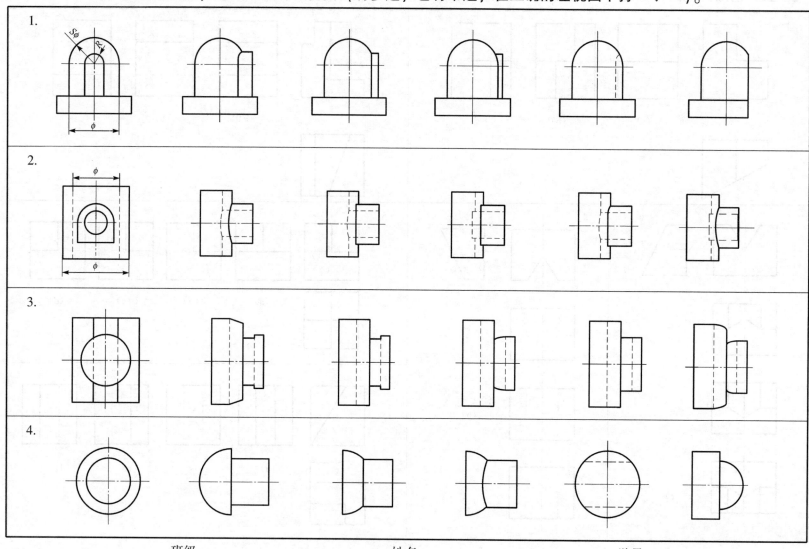

模块三 轴 测 图

3-1 根据已知的两视图,在指定位置画出正等轴测图。

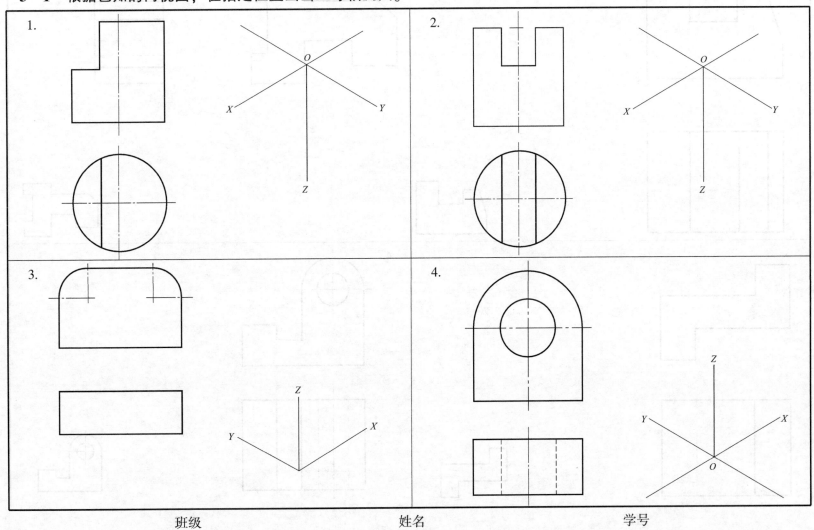

3－2 画出立体的第三视图，并在右下角绘出其斜二测图，比例 1：2。

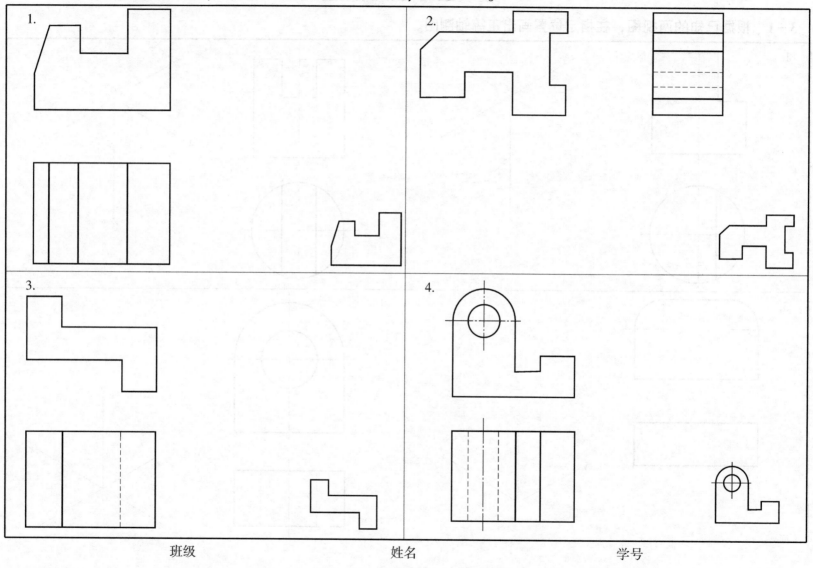

模块四 组合体

4-1 选择填空题。

1. 根据物体的主、俯两视图，选择正确的左视图。

2. 根据物体的主、俯两视图，选择正确的左视图。

3. 根据物体的主、俯两视图，选择正确的左视图。

4. 根据物体的俯视图，选择其相应的主视图。

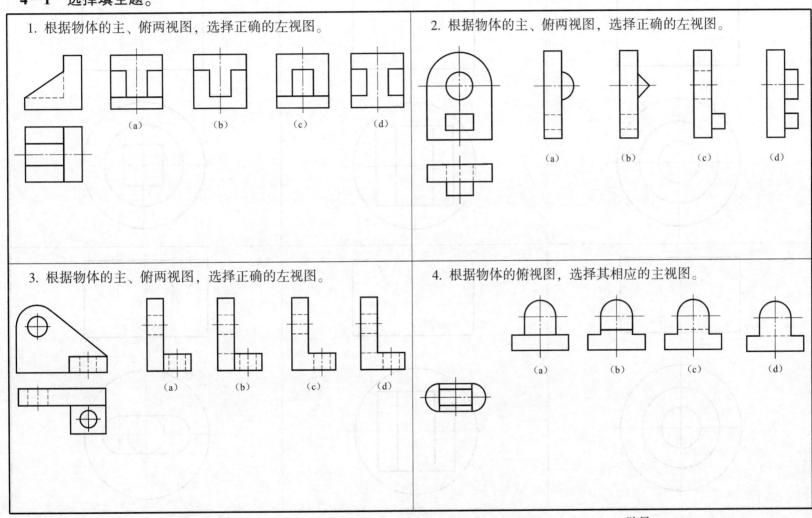

4-2 根据所给的视图，想出物体的形状，并补画视图中所缺的图线。

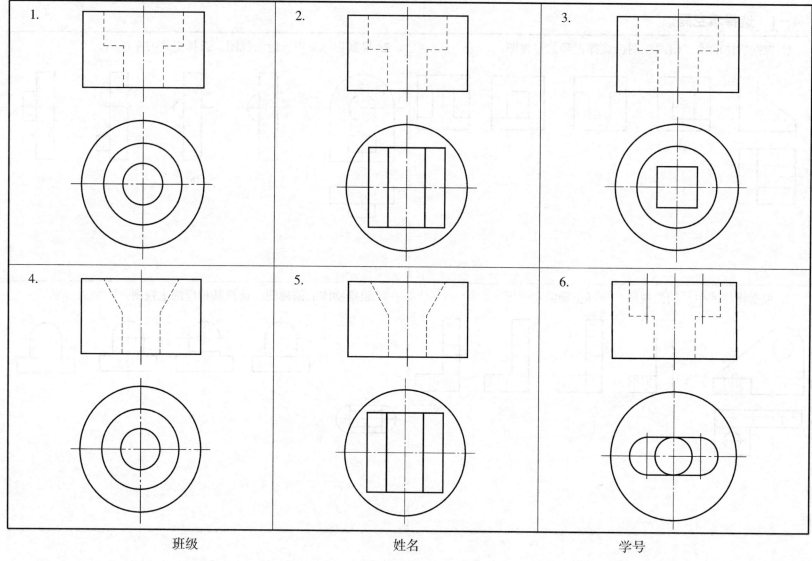

4-3 根据所给的视图，想出物体的形状，并补画视图中所缺的图线。

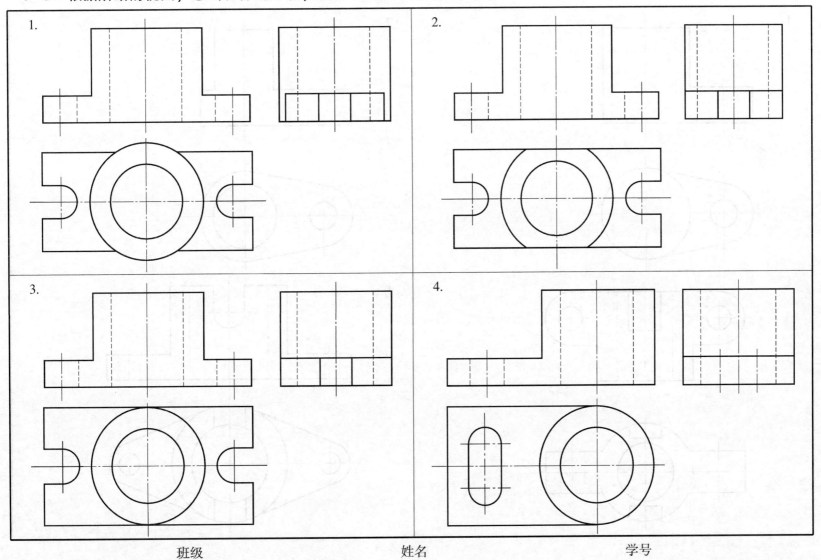

4－4 根据所给的视图，想出物体的形状，并补画视图中所缺的图线。

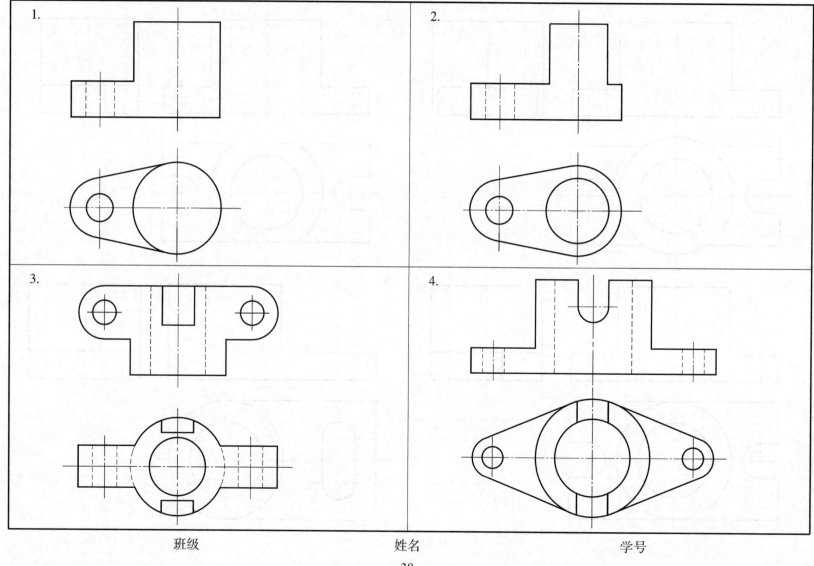

4-5 根据组合体的两视图，补画第三视图。

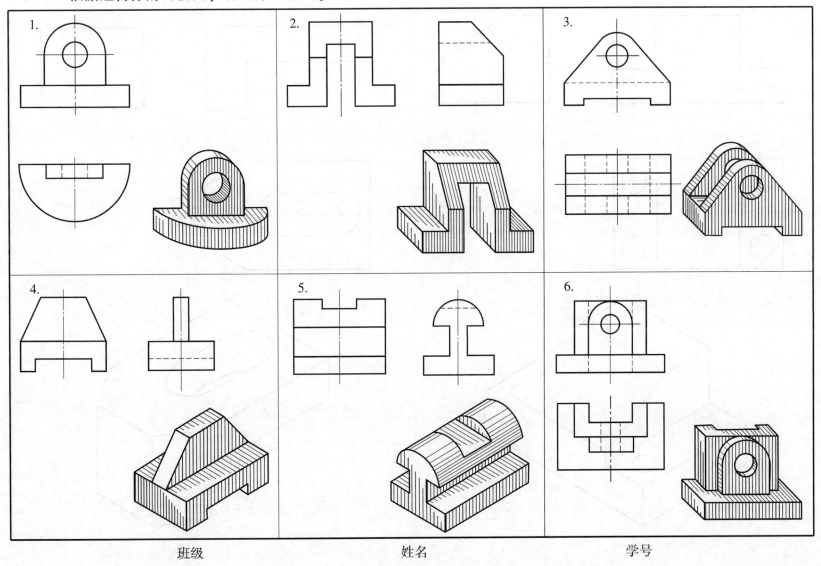

4－6 根据立体图对照三视图，分析物体的组合方式，补画出视图中所缺的图线（一）。

1.

2.

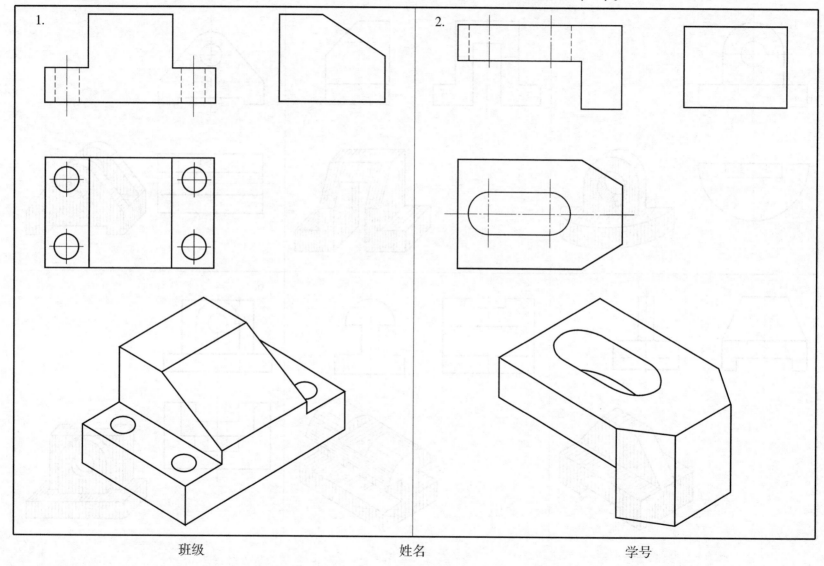

4-6 根据立体图对照三视图，分析物体的组合方式，补画出视图中所缺的图线（二）。

1.

2.

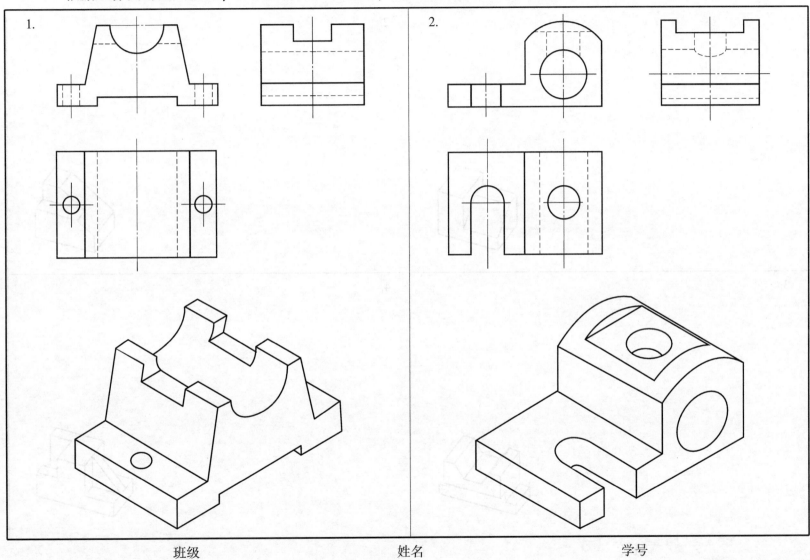

班级　　　　　姓名　　　　　学号

4－7 根据立体图绘制三视图。(尺寸从立体图中 1∶1 量取整数)

1.

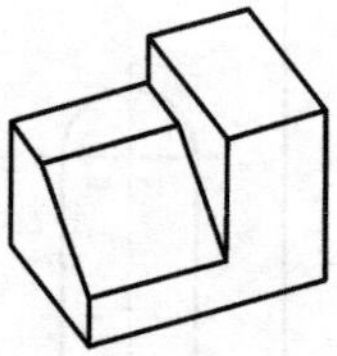

2.

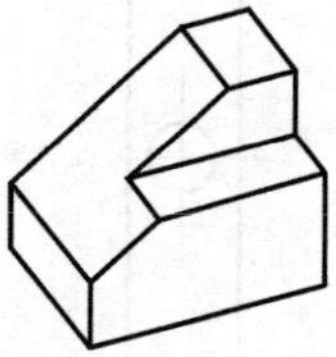

3.

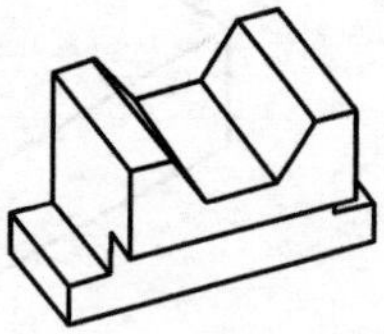

4.

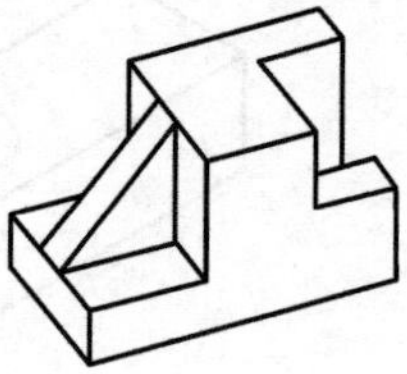

班级　　　　　　　　姓名　　　　　　　　学号

4-8 补画视图中所缺的图线。

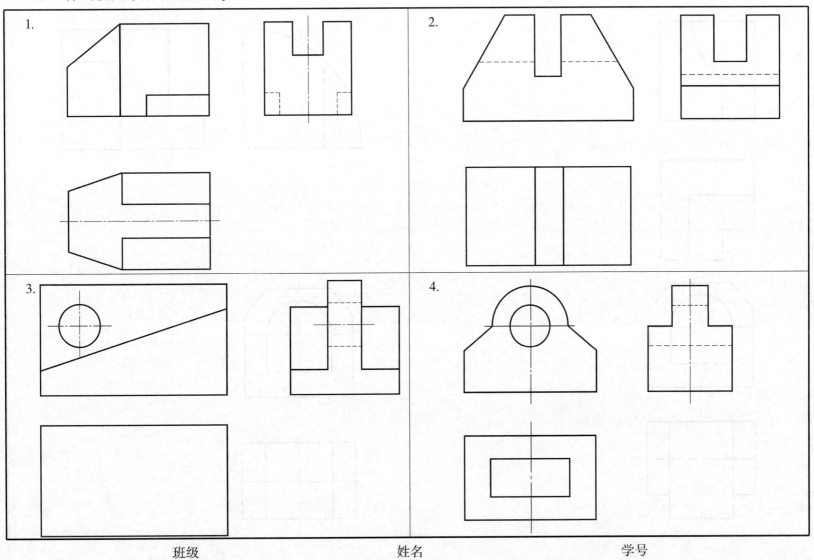

4-9 已知立体两视图，补画第三视图（一）。

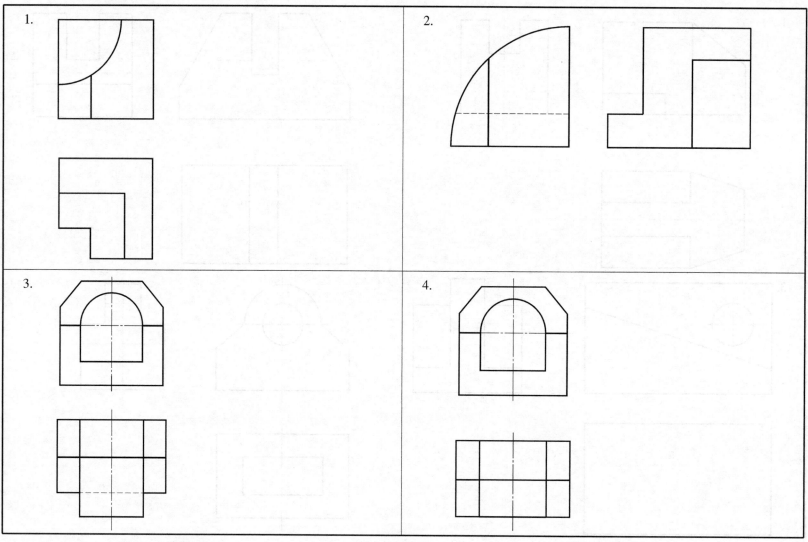

4-9 已知立体两视图，补画第三视图（二）。

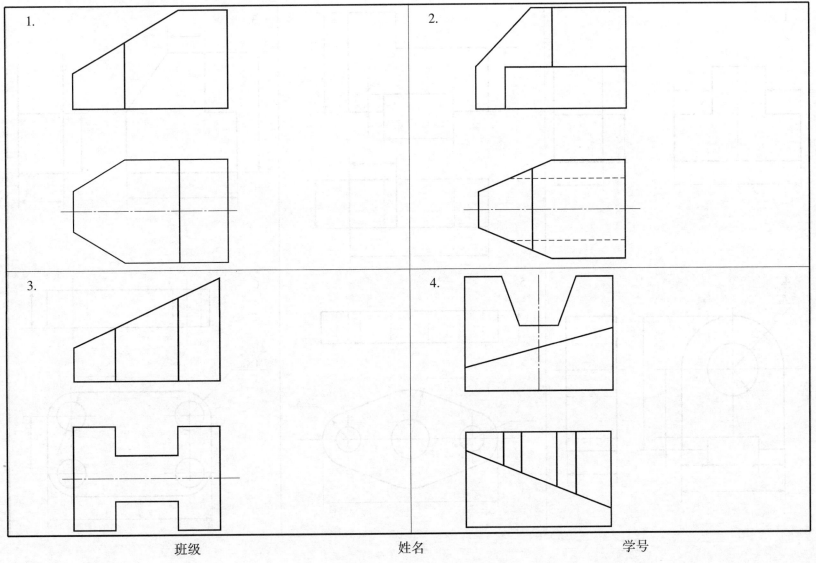

4-10 指出图中尺寸标注上的错误，给出正确的尺寸标注。

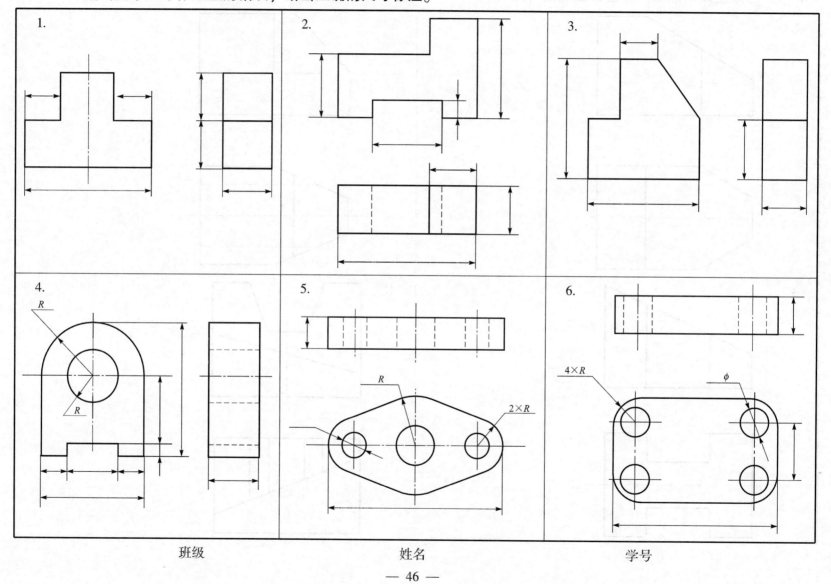

4-11 尺寸标注（尺寸从图中 1∶1 量取整数）。

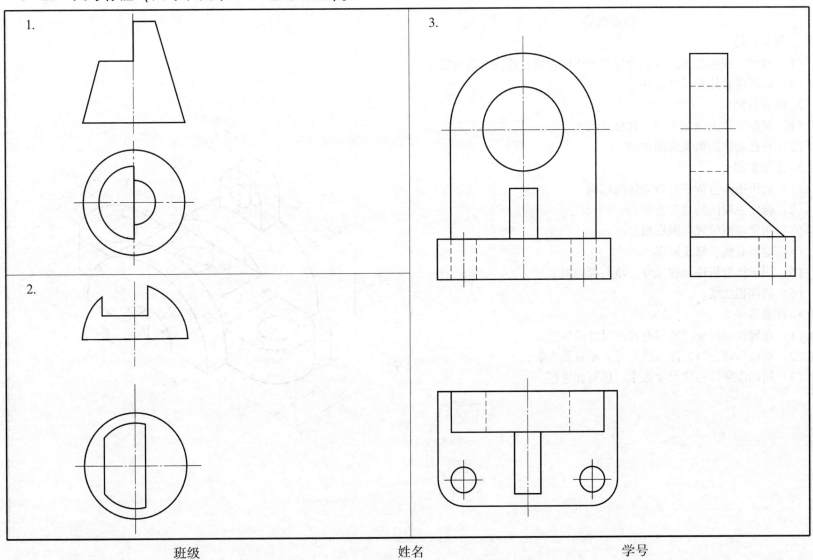

4－12 绘图大作业：根据立体图画组合体的三视图，并标注尺寸。

作业指导

1. 作业目的
(1) 初步掌握由立体图画组合体三视图的方法，提高画图技能。
(2) 练习组合体的尺寸标注。

2. 内容与要求
(1) 根据立体图画三视图，并标注尺寸。
(2) 自己确定图纸及绘图比例。

3. 作图步骤
(1) 运用形体分析法分析立体的结构。
(2) 确定主视图的投射方向。
(3) 布置视图位置，画底稿。
(4) 检查底稿，修正错误。
(5) 用形体分析法标注尺寸，填写标题栏。
(6) 描深粗实线。

4. 注意事项
(1) 布置视图时要注意留有标注尺寸的位置。
(2) 要按步骤进行标注三类尺寸，布置要清晰。
(3) 用标准字体标注尺寸数字、填写标题栏。

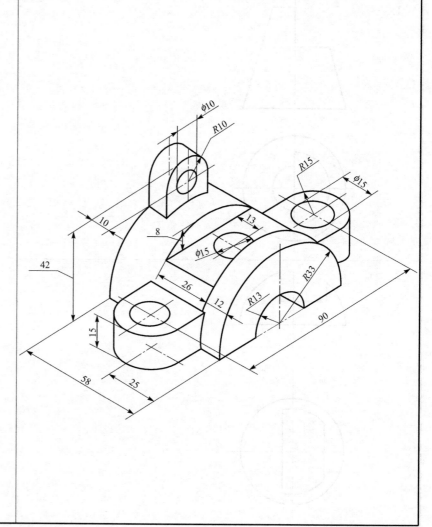

班级　　　　　姓名　　　　　学号

模块五 机件的基本表达方法

5-1 根据主、俯、左三视图，补画右、后、仰三视图。

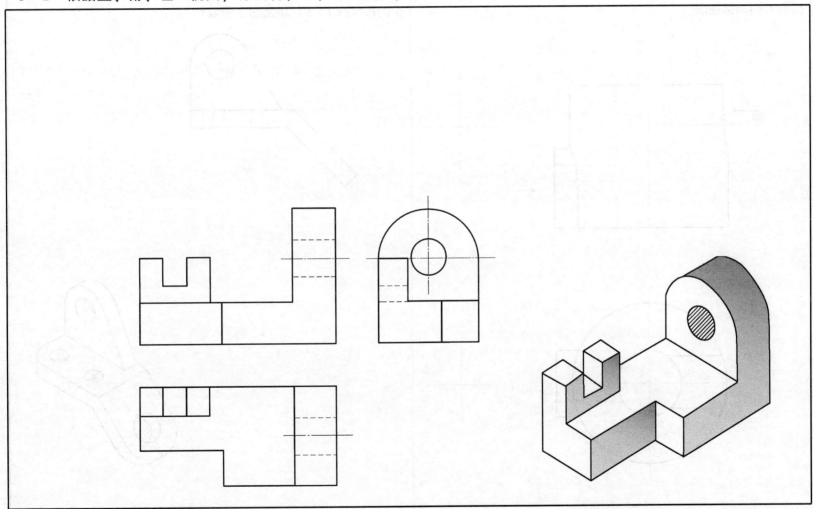

班级　　　　　姓名　　　　　学号

— 49 —

5-2 局部视图、斜视图练习。

1. 根据机件的主、俯视图，在指定位置画出机件的 B 向局部视图及 C 向局部视图。

2. 根据机件的主视图和轴测图，补画其局部视图和斜视图（缺少的尺寸按 1∶1 从轴测图上量取）。

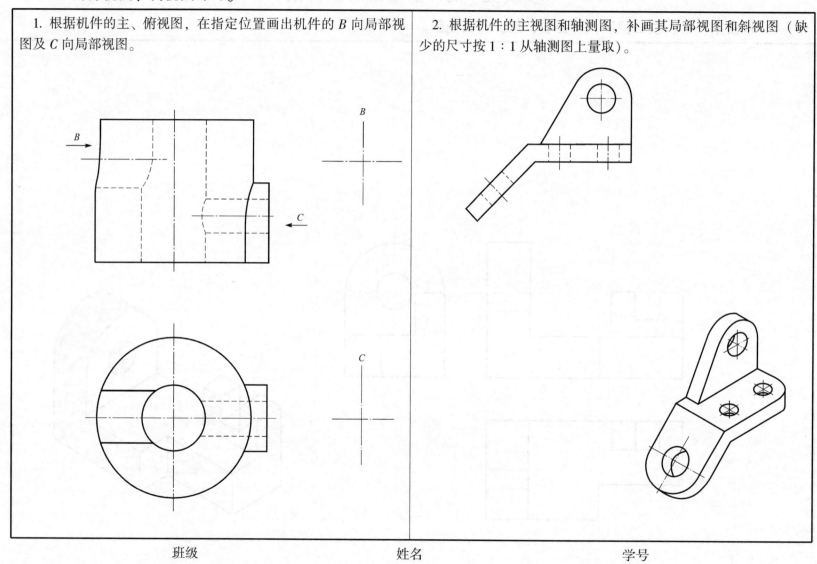

5-3 已知立体的主视图和俯视图，它的四个左视图画得正确的是（　　）。

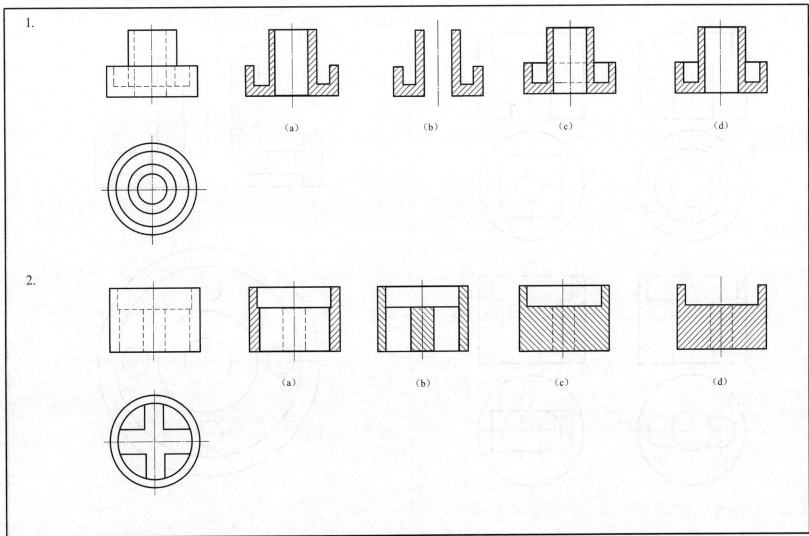

5-4 补画剖视图中所缺的图线（一）。

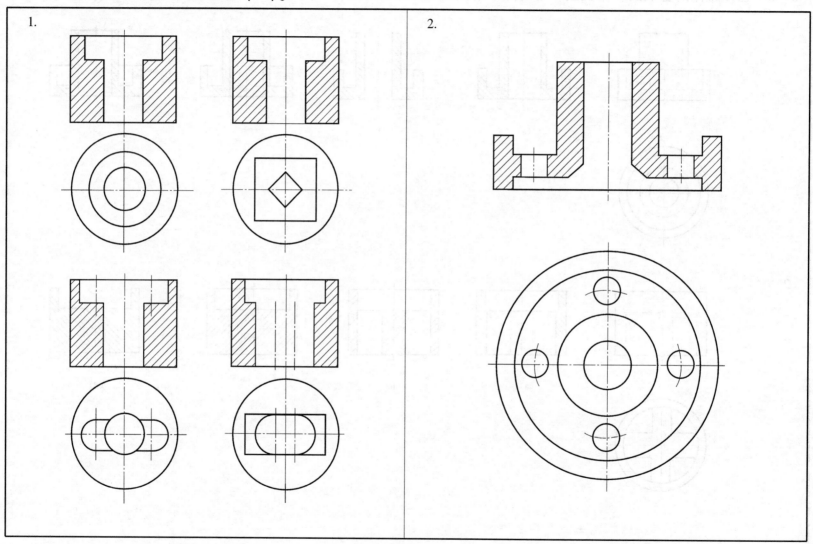

5-4 补画剖视图中所缺的图线（二）。

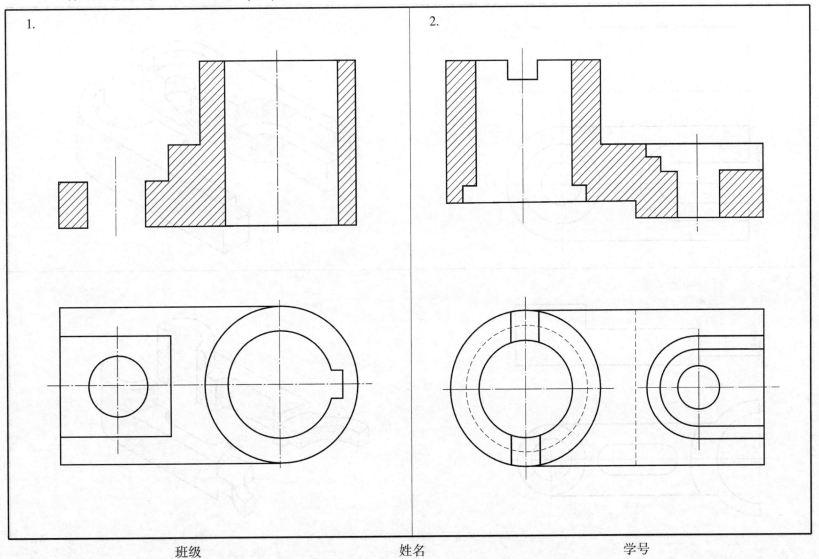

5-5 将主视图画成全剖视图（一）。

1.

2.

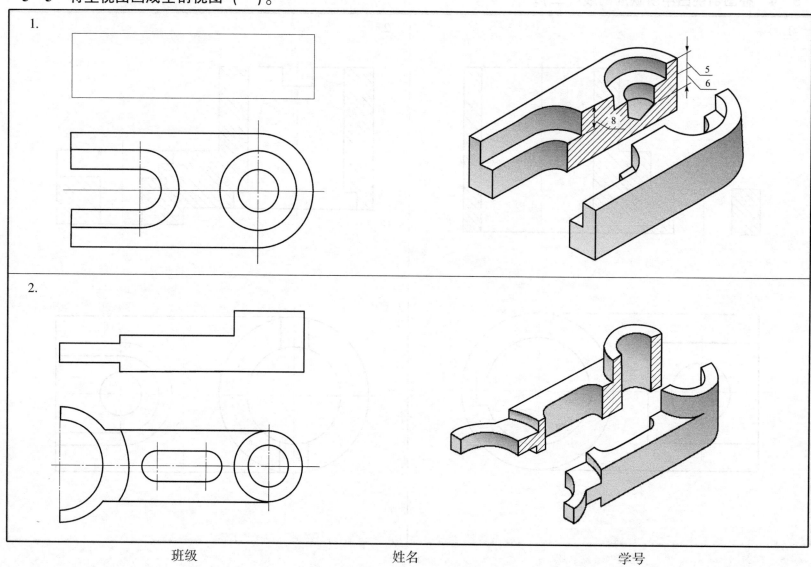

班级　　　　　　　　　姓名　　　　　　　　　学号

5-5 将主视图画成全剖视图(二)。

1.

2.

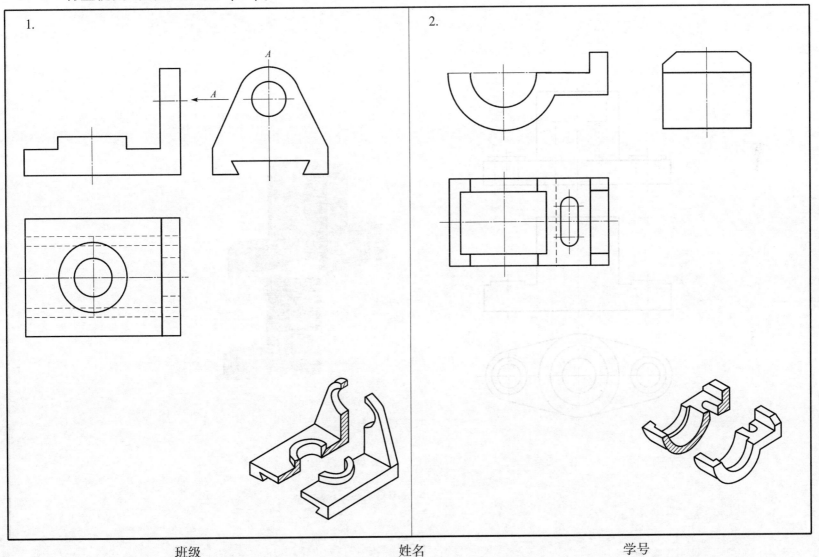

5-6 将主视图画成半剖视图。

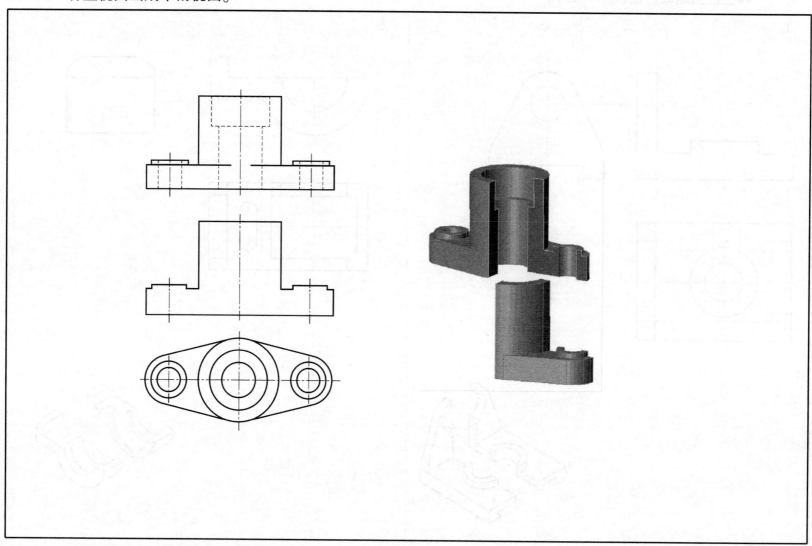

5-7 将主视图改为半剖视图。

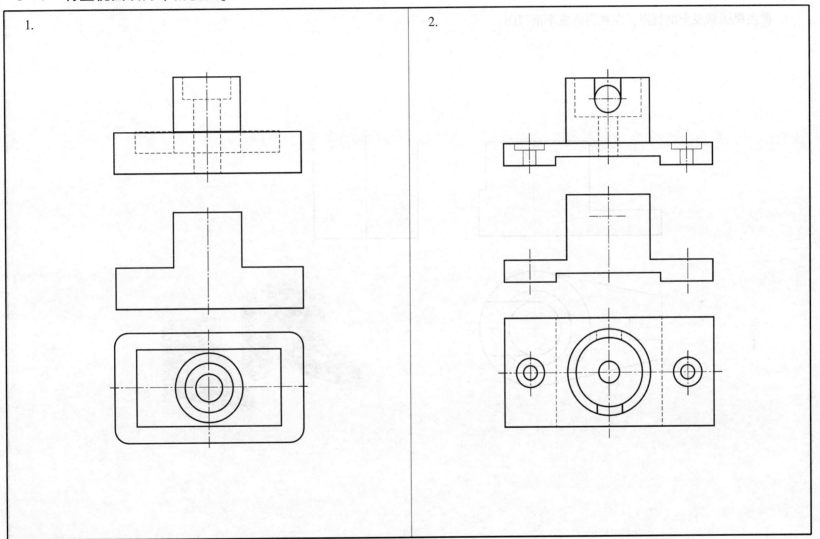

5-8 将视图改画成合适的剖视图。

1. 将主视图画成全剖视图,左视图画成半剖视图。

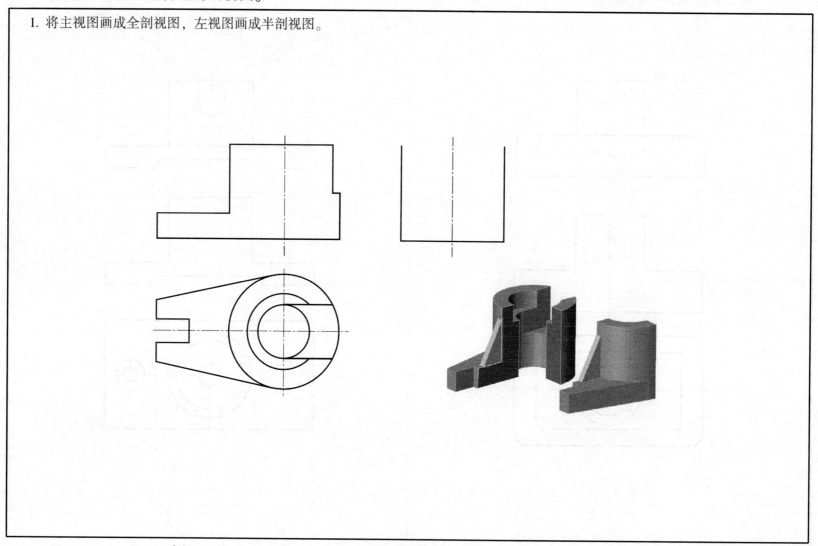

5-9 根据形体的两视图，补画其全剖的左视图。

1.

2.

5-10 根据图 1 所给的主、俯视图，判断图 2、3、4 的表达是否正确。

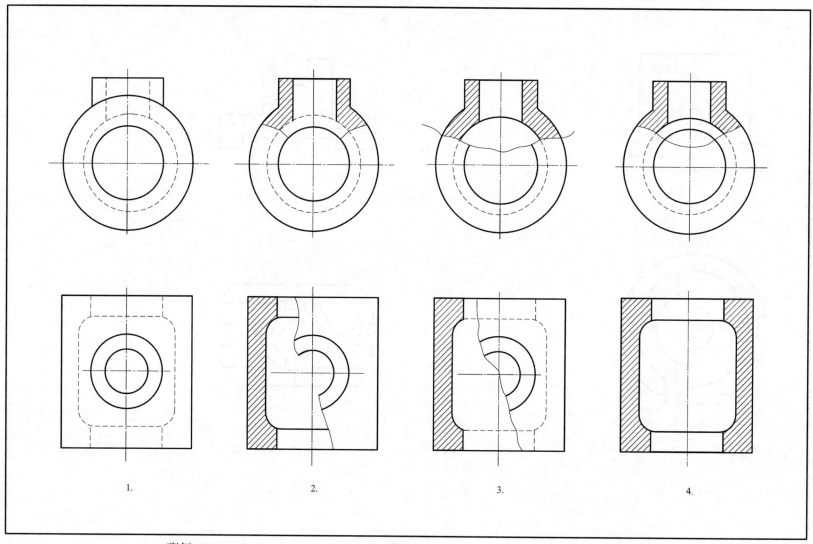

1.　　　　　　2.　　　　　　3.　　　　　　4.

5-11 将视图改画成局部剖视图。

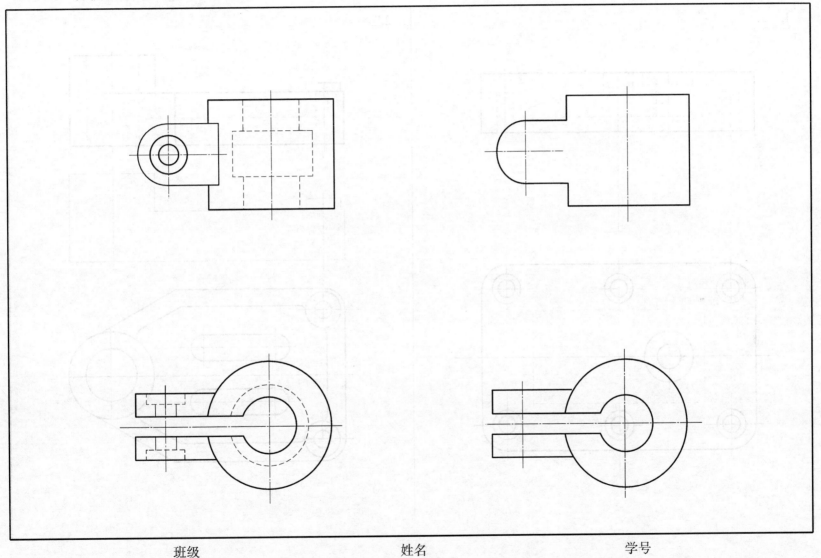

5-12 用几个平行剖切平面剖切的方法将主视图改为合适的剖视图（一）。

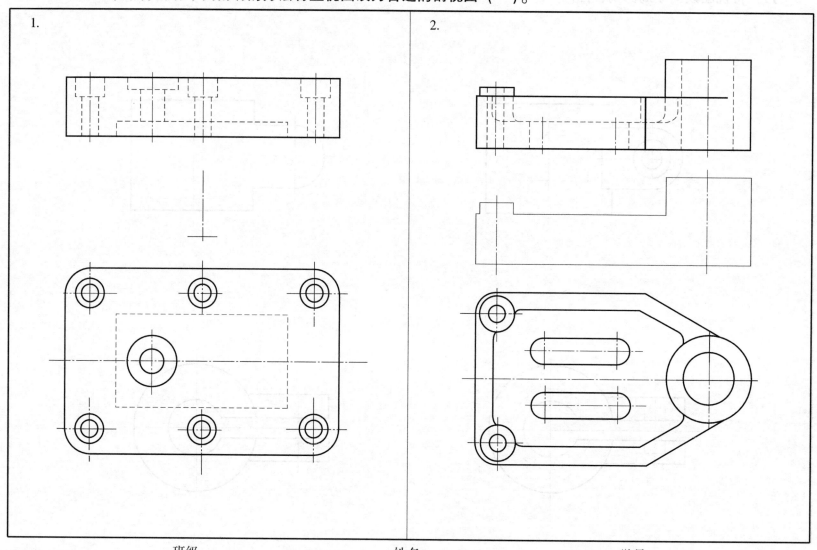

5-12 用几个平行平面剖切的方法将主视图改为剖视图（二）。

1.

2.

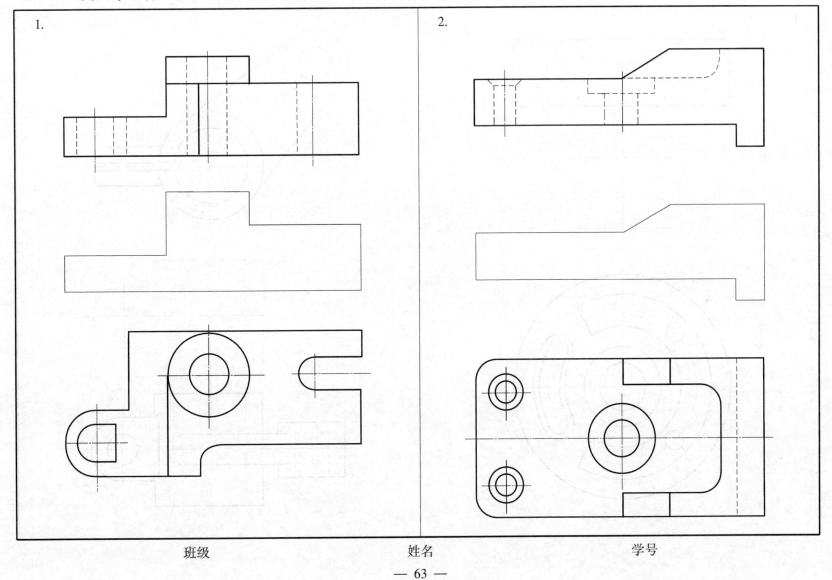

班级　　　　　　姓名　　　　　　学号

5-13 用几个相交平面剖切的方法将主视图改为剖视图。

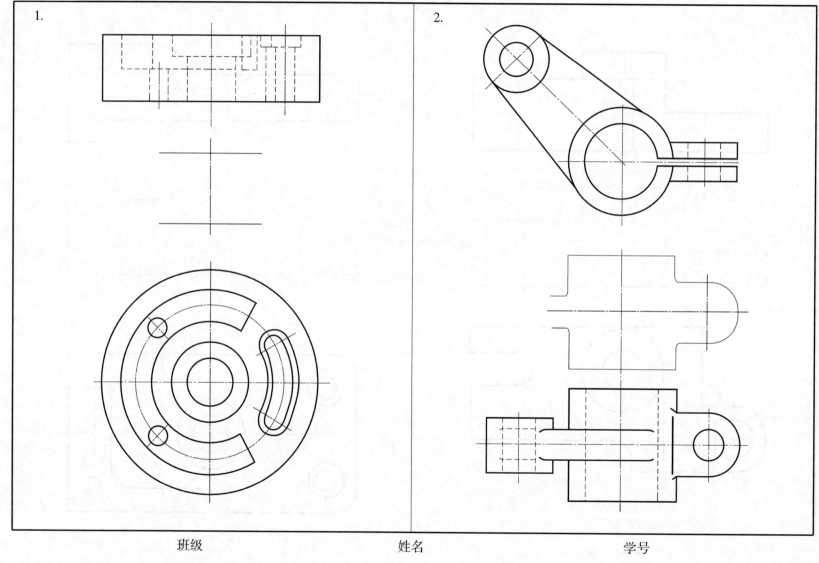

5－14 在指定位置，将主视图画成全剖视图。

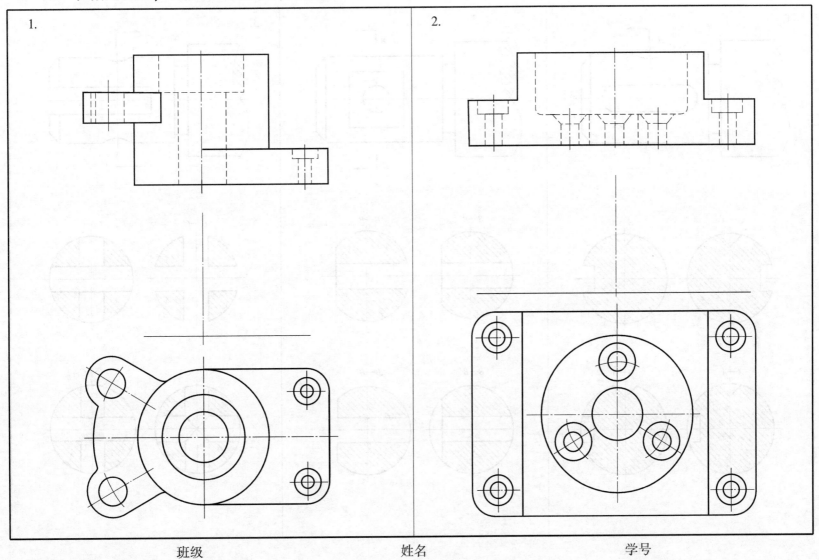

5-15 选择题（一）。

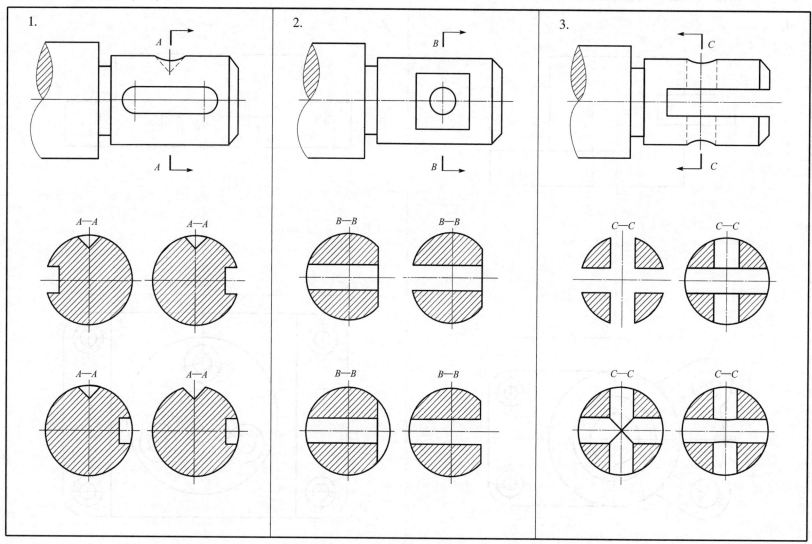

5-15 选择题（二）。

1. 下列四组重合断面图中，哪一组是正确的（　　）。

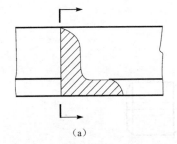
(a)

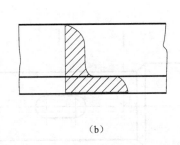
(b)

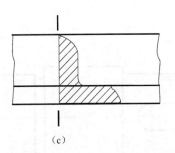
(c)

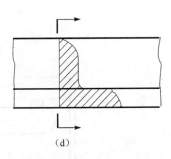
(d)

2. 四种不同的 $A-A$ 移出断面图，（　　）是正确的。

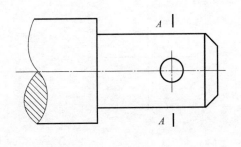

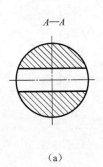
(a)

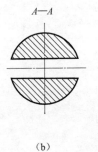
(b)

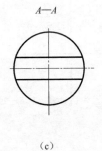
(c)

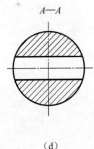
(d)

(1) (a)(d) 正确　　　　(2) (a)(c) 正确　　　　(3) 只有 (b) 正确　　　　(4) 只有 (b) 不正确

班级　　　　姓名　　　　学号

5-16 在指定位置画出断面图（左键槽深4，右键槽深3）。

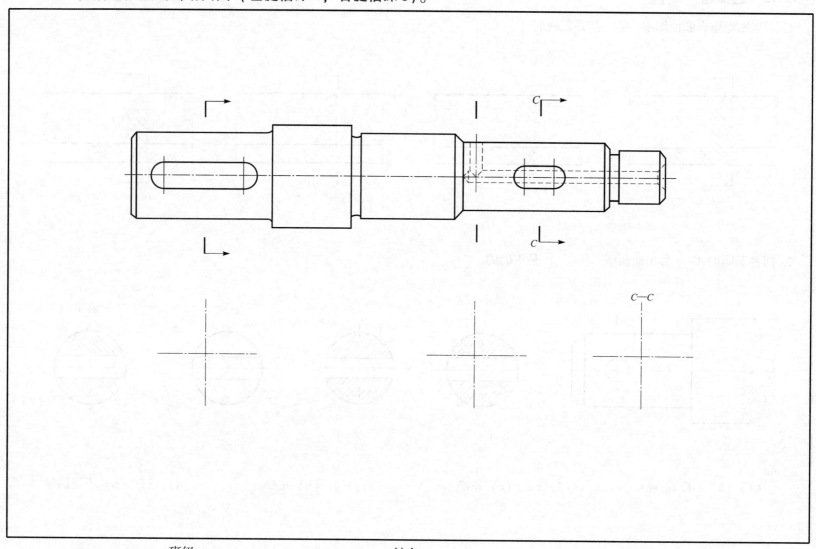

5-17 已知剖切面位置，作移出断面图。

1.

2.

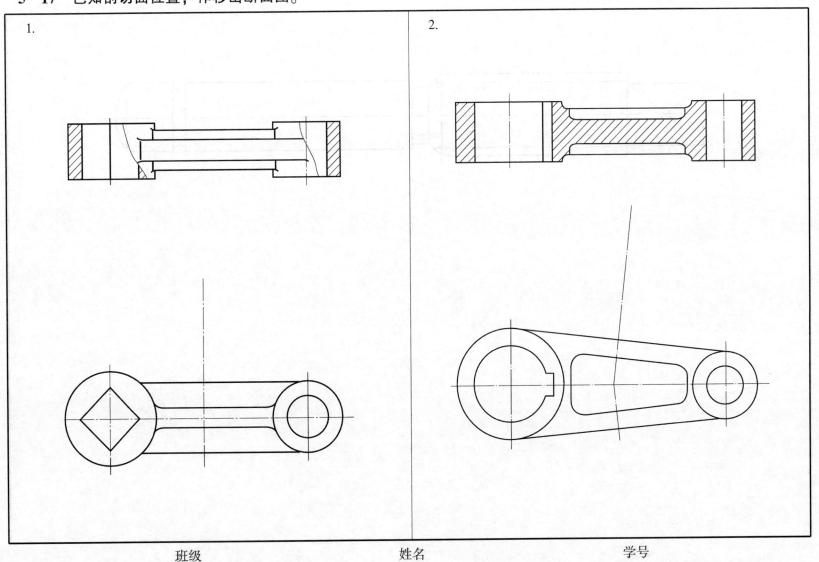

5-18 将指定部位按 2∶1 比例放大画出。

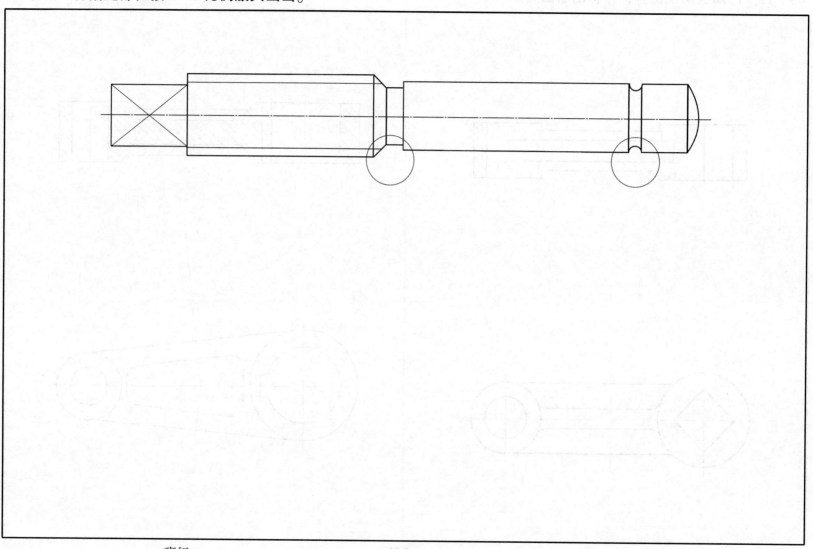

5-19 选择题。

已知立体的主视图和俯视图，下列三种全剖的主视图，正确的是（　　）。

(a)　　(b)　　(c)

5-20 将机件的主视图改画成全剖视图。

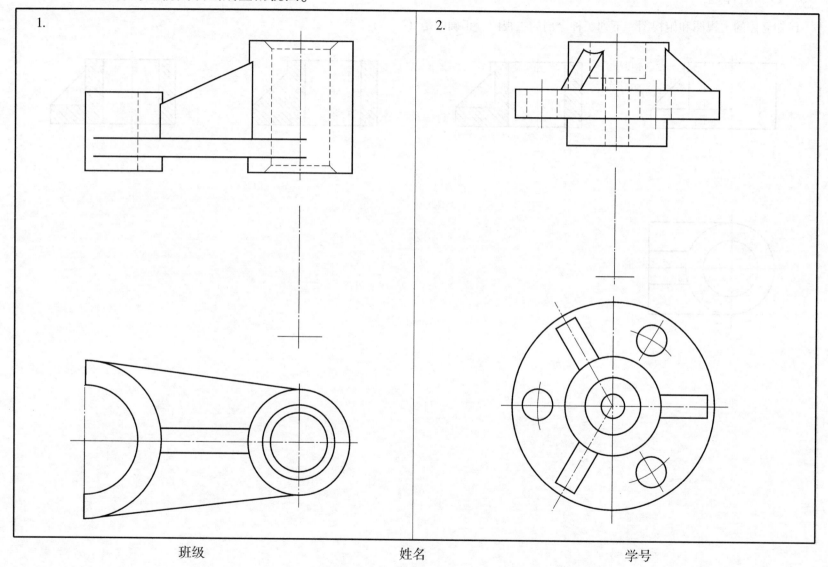

5-21 机件的表达方法大作业（一）：根据立体的轴测图选择合适的方法表达机件并标注尺寸。

作业指导

1. 作业目的：
(1) 熟悉和掌握综合选用视图、剖视图、断面图等各种表达方法来表达机件；
(2) 进一步练习较复杂形体的尺寸标注方法。

2. 内容与要求：
(1) 根据机件的轴测图或给定的视图，选择合适的表达方案将机件表达清楚，运用形体分析法注尺寸；
(2) 用 A3 图纸，比例自定。

3. 注意事项：
(1) 视图、剖视图、断面图等选用恰当，且简明清晰；
(2) 图形准确，符合投影关系，各种画法正确；
(3) 尺寸标注完整、清晰，且基本合理；
(4) 首先考虑主视图，然后考虑俯、左视图是否需要，最后考虑还需要增添哪些基本视图和辅助视图；
(5) 选择每个视图的剖视图时，应将各个视图配合起来整体考虑；
(6) 选择视图和标注尺寸时，一定要用形体分析法，以保证各部分形状都表达清楚和尺寸标注的完整。

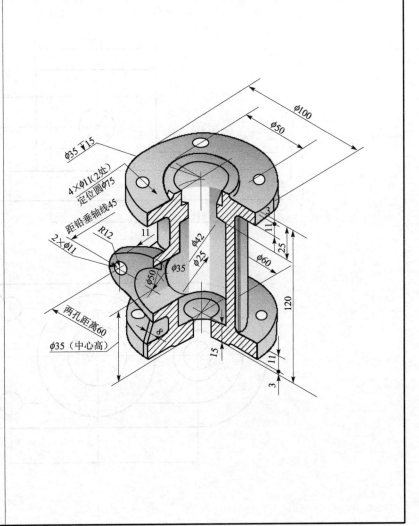

班级　　　姓名　　　学号

5－21 机件的表达方法大作业（二）：对照三视图，采用合适的方法表达机件并标注尺寸（用 A3 图纸，按 1∶1 绘制）。

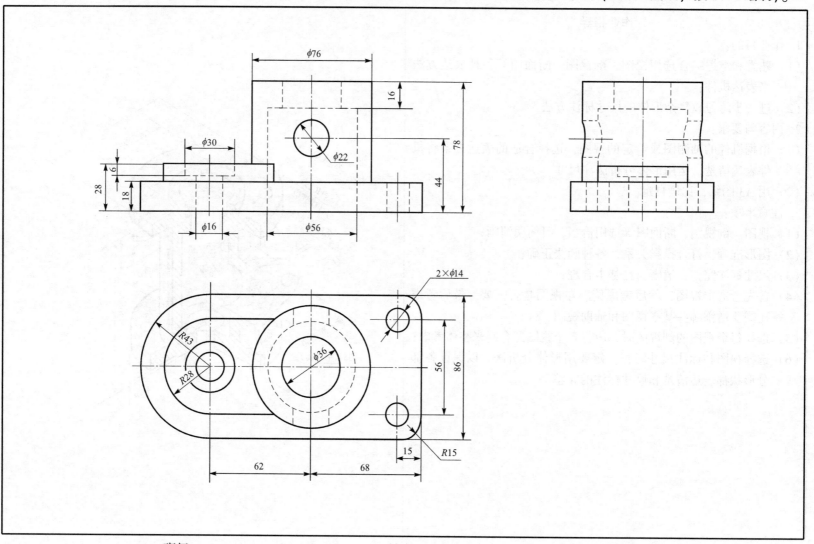

模块六　标准件与常用件

6-1　选择题（一）。

下列四个图中，正确的说法是（　　）。

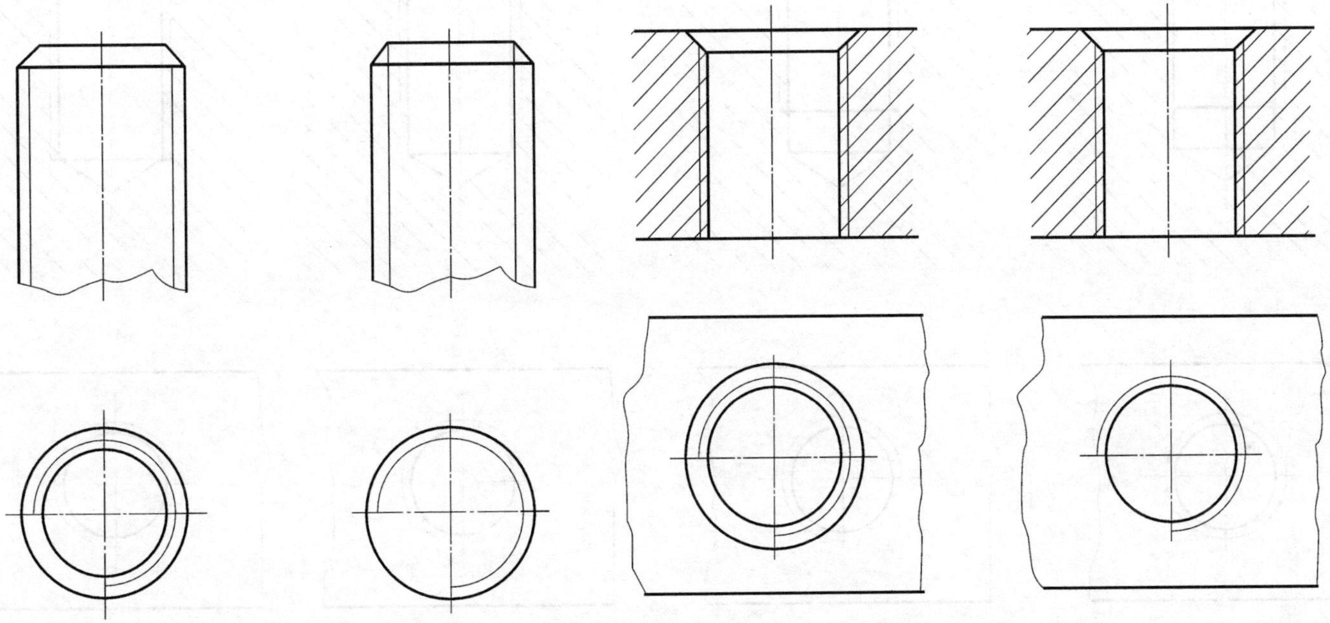

(a)　　(b)　　(c)　　(d)

(1) (a)、(b) 正确；(2) (b)、(d) 正确；(3) (a)、(c) 正确；(4) 只有 (d) 正确。

6-1 选择题（二）。

关于螺纹的画法，正确的说法是（　　）。

(a)　　(b)　　(c)　　(d)

(1)（a）、（b）正确；(2)（b）、（d）正确；(3)（a）正确；(4)（c）正确。

6－1 选择题（三）。

1. 关于螺杆与螺孔旋合的画法，哪一种判断是正确？（　　）

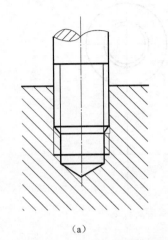
（a）

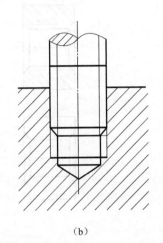
（b）

（1）两个图都正确；
（2）两个图都错；
（3）（a）正确（b）错；
（4）（a）错（b）正确。

2. 关于螺孔与圆孔相贯的画法，正确的是（　　）。

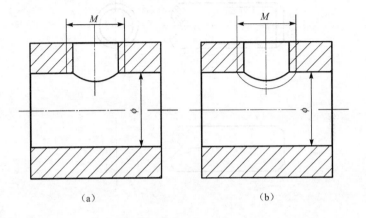

（a）　　　　　　　　（b）

（1）两个图都正确；
（2）两个图都错；
（3）（a）正确（b）错；
（4）（a）错（b）正确。

6−2 改正下列螺纹和螺纹连接画法上的错误,将正确的画在下方。

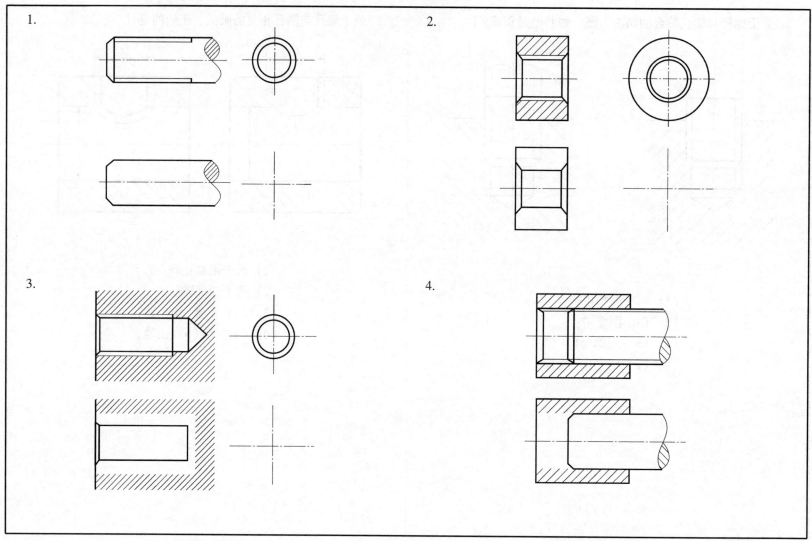

6-3 标注螺纹的代号。

1. 粗牙普通螺纹，公称直径20，螺距2.5，右旋，中、顶径公差带代号6g，旋入长度代号为L。

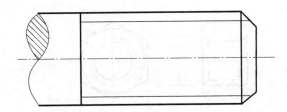

3. 梯形螺纹，公称直径32，导程12，线数2，左旋。

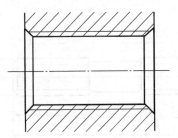

2. 细牙普通螺纹，$D=20$，$P=1.5$，左旋，中、顶径公差带代号6H，旋合长度代号为N。

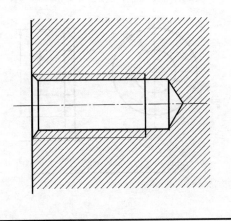

4. 圆柱管螺纹，尺寸代号3/4″。

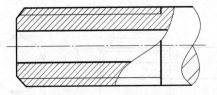

6-4 查表填写下列标准件的尺寸数值，并写出其规定标记。

1. 双头螺柱，GB/T 897—1988，螺纹规格 d = M16，公称长度 l = 45。

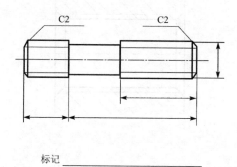

标记_____

2. 六角螺母，B 级，GB/T 6170—2000，螺纹规格 d = M20。

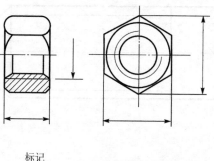

标记_____

3. 六角螺栓，A 级，GB/T 5782—2000，螺纹规格 d = M12。

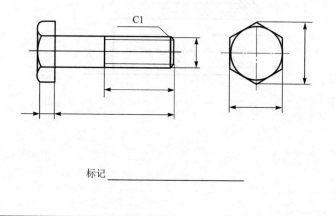

标记_____

4. 垫圈 A 级，GB/T 97.1—2002，公称尺寸为 12。

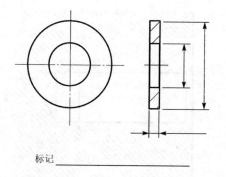

标记_____

班级　　　　　　　姓名　　　　　　　学号

6-5 键连接。

已知齿轮和轴用 A 型普通平键连接，轴孔直径为 40 mm，键的长度为 40 mm。（1）写出键的规定标记；（2）查表确定键和键槽的尺寸，用 1∶2 的比例画全下列各视图和断面图，并标注键槽的尺寸。

键的规定标记 _____。

1. 轴　　　　　　2. 齿轮

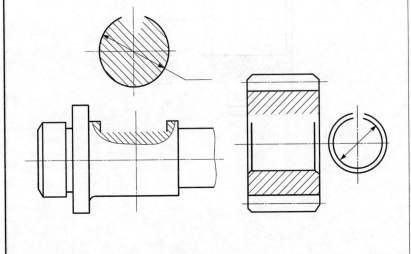

3. 齿轮和轴间的键连接。

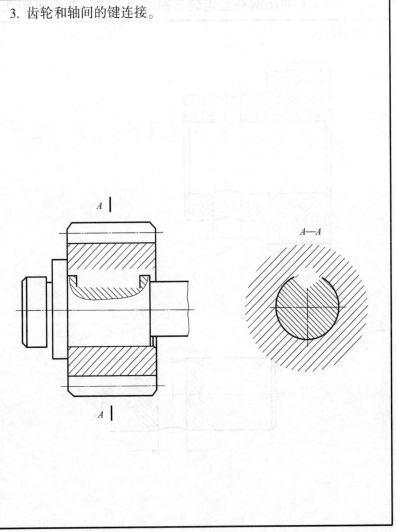

6−6 已知齿轮和轴用 B 型圆柱销连接，销的长度为 **40 mm**，**1.** 写出销的规定标记；**2.** 查表确定销的尺寸；**3.** 用 **1∶1** 的比例补全齿轮与轴的装配图，并标出销孔的尺寸。

销的标记：

1.

2.

3. 齿轮和轴

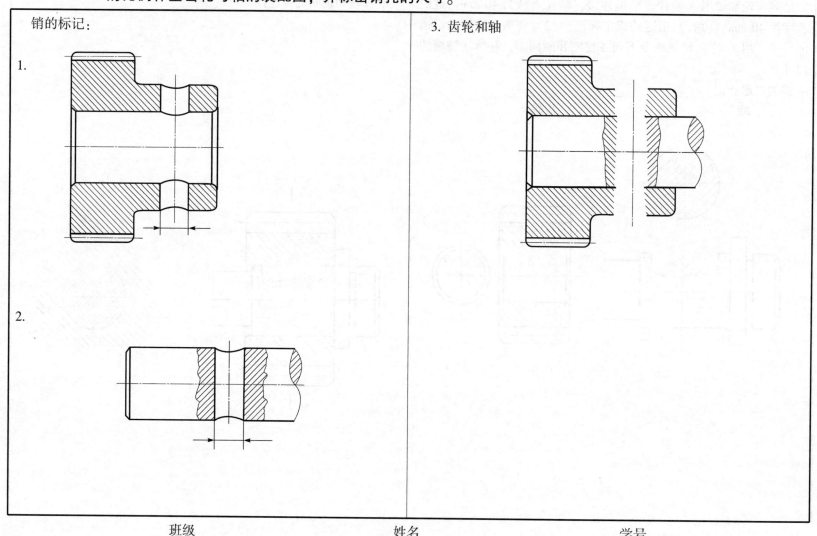

班级　　　　姓名　　　　学号

6-7 已知直齿圆柱齿轮的 $m=2.5$，$z=24$，$\alpha=20°$以及轴孔的尺寸，试完成齿轮的两个视图并标注尺寸。

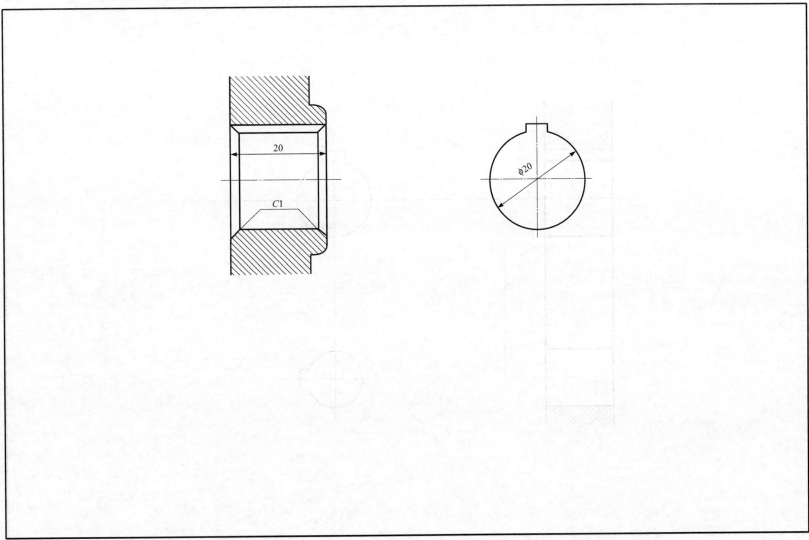

6-8 已知一对直齿圆柱齿轮啮合,模数 $m=2$,大齿轮的齿数 $Z_2=36$,试计算两齿轮的主要尺寸,并完成其啮合图。

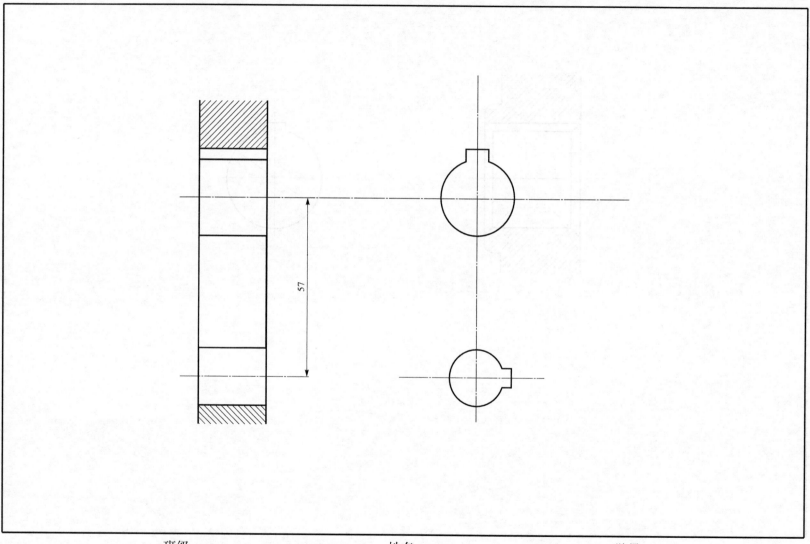

6-9 查表确定滚动轴承的尺寸，用规定画法在轴端画出轴承与轴的装配图。

1. 滚动轴承 6205 GB/T 276—1994

2. 滚动轴承 30306 GB/T 297—1994

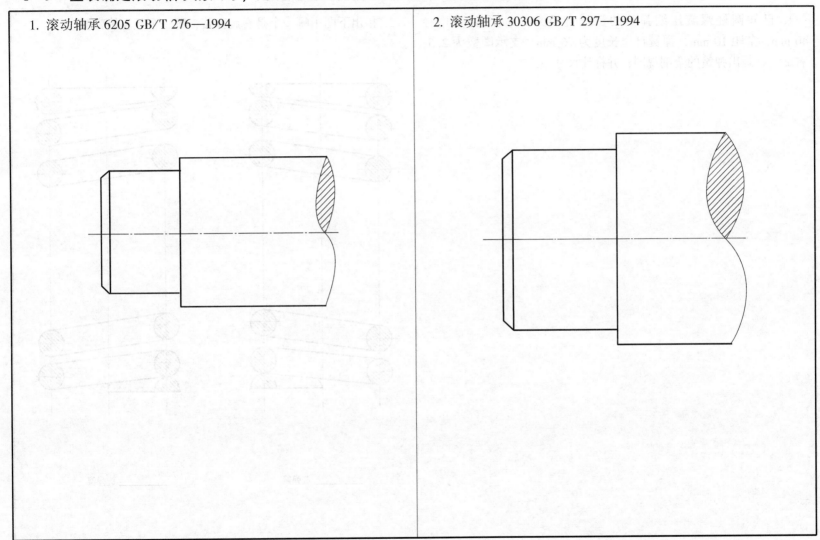

6-10 弹簧练习。

1. 已知圆柱螺旋压缩弹簧的簧丝直径为 5 mm，弹簧中径 40 mm，节距 10 mm，弹簧自由长度为 76 mm，支承圈数为 2.5，右旋。试画出弹簧的全剖视图，并标注尺寸。

2. 指出下图中哪一个是右旋弹簧，哪一个是左旋弹簧。

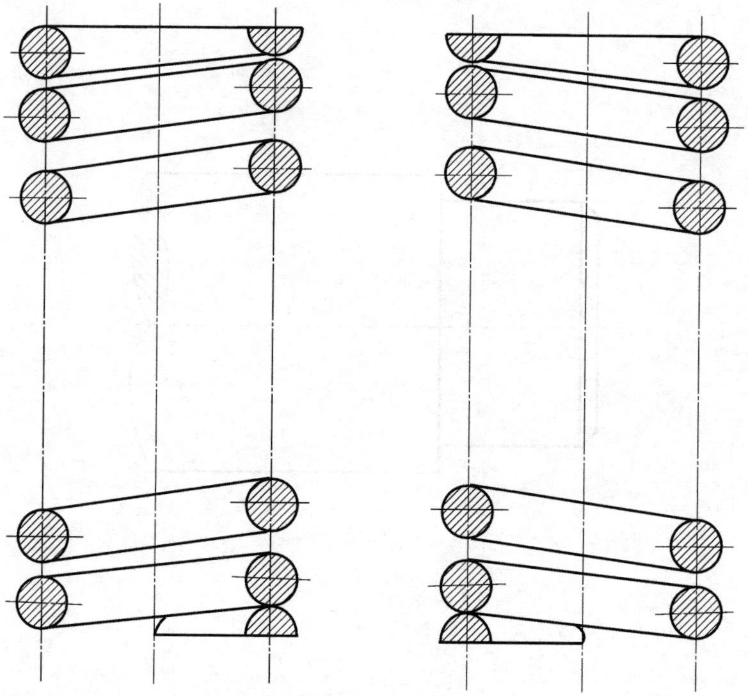

_____旋弹簧　　　　　　　　　_____旋弹簧

班级　　　　　　姓名　　　　　　学号

模块七 零件图

7-1 尺寸练习。

1. 指出零件长、宽、高三个方向的主要尺寸基准。

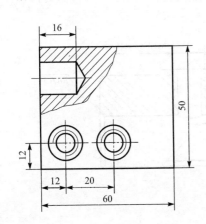
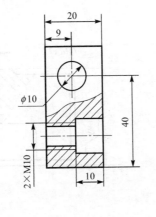

2. 分析两零件的结合尺寸 D，在两种方案中选择正确的。

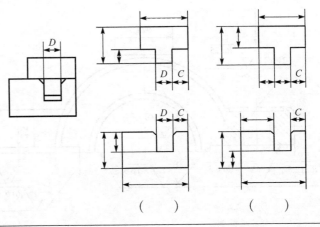

( )　　　　( )

3. 分析下图中尺寸标注的错误。

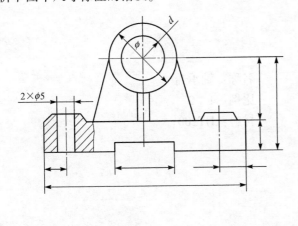

4. 分析图中尺寸标注的错误，并在下方作正确标注。

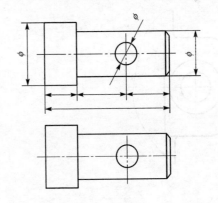

班级　　　　姓名　　　　学号

7-2 确定轴承盖的尺寸基准，并注出图中所缺的尺寸。

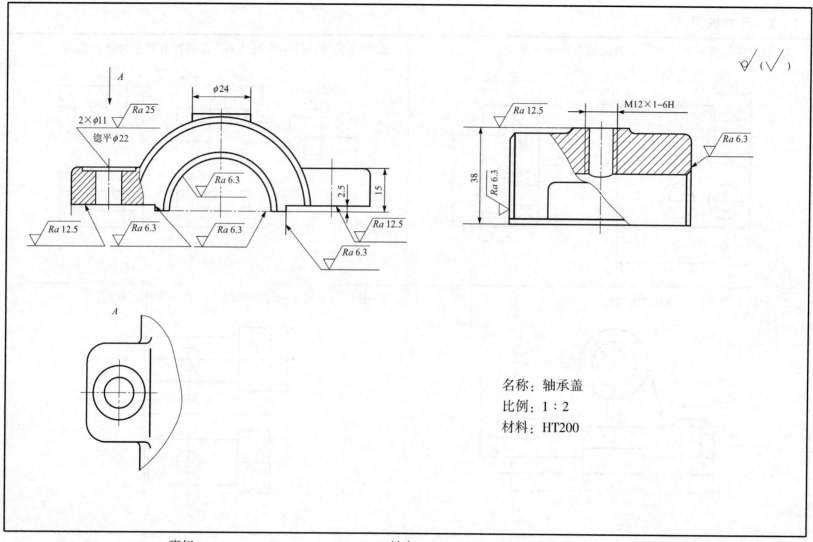

名称：轴承盖
比例：1∶2
材料：HT200

7-3 确定轴承座的尺寸基准，并注出图中所缺的尺寸。

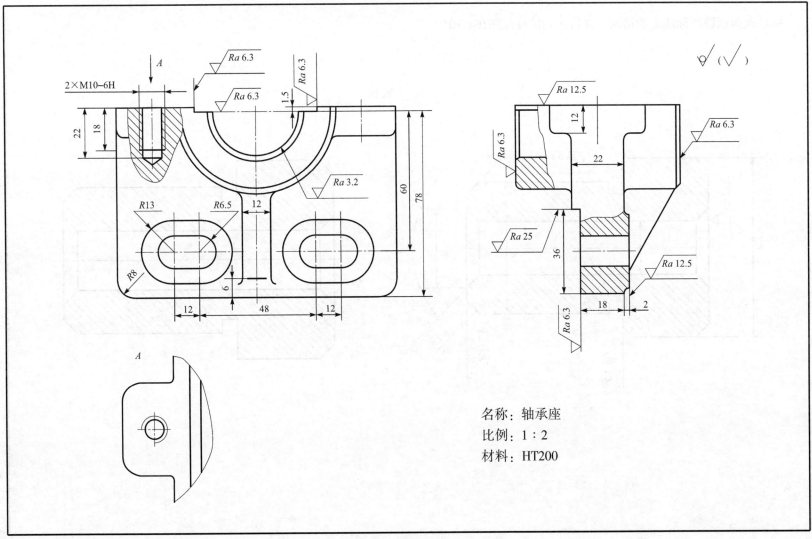

名称：轴承座
比例：1∶2
材料：HT200

7-4 表面粗糙度练习。

指出表面粗糙度标注中的错误，并将正确的标注注在右图中。

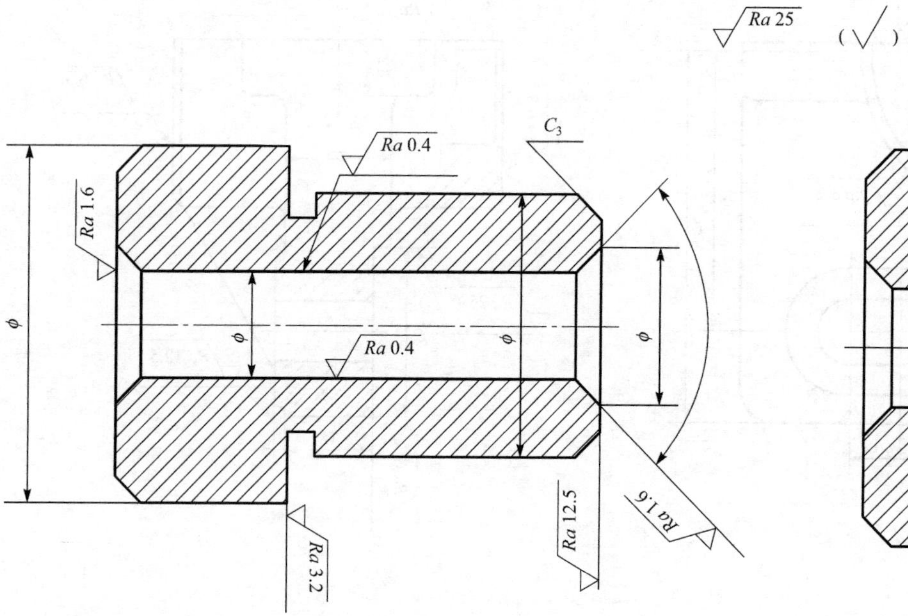

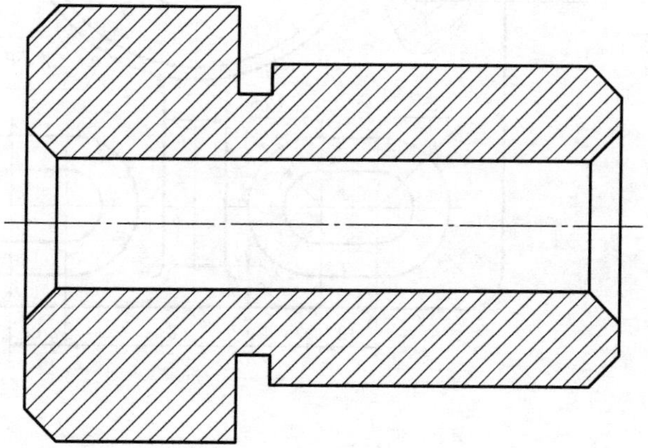

7-5 解释配合代号的含义，查表得到偏差值后标注在零件图上。

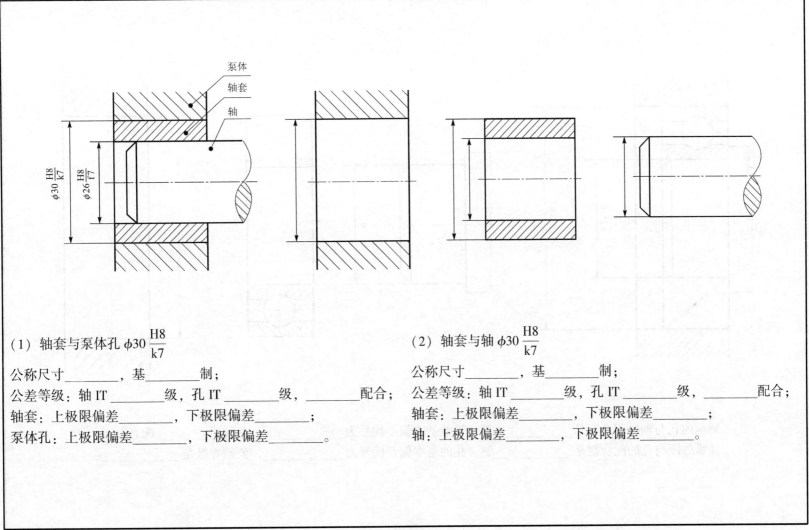

（1）轴套与泵体孔 $\phi 30 \dfrac{H8}{k7}$

公称尺寸_____，基_____制；

公差等级：轴 IT_____级，孔 IT_____级，_____配合；

轴套：上极限偏差_____，下极限偏差_____；

泵体孔：上极限偏差_____，下极限偏差_____。

（2）轴套与轴 $\phi 30 \dfrac{H8}{k7}$

公称尺寸_____，基_____制；

公差等级：轴 IT_____级，孔 IT_____级，_____配合；

轴套：上极限偏差_____，下极限偏差_____；

轴：上极限偏差_____，下极限偏差_____。

7-6 根据装配图中的配合代号，在零件图上分别标出孔和轴的尺寸及公差带代号，查出偏差数值并填空。

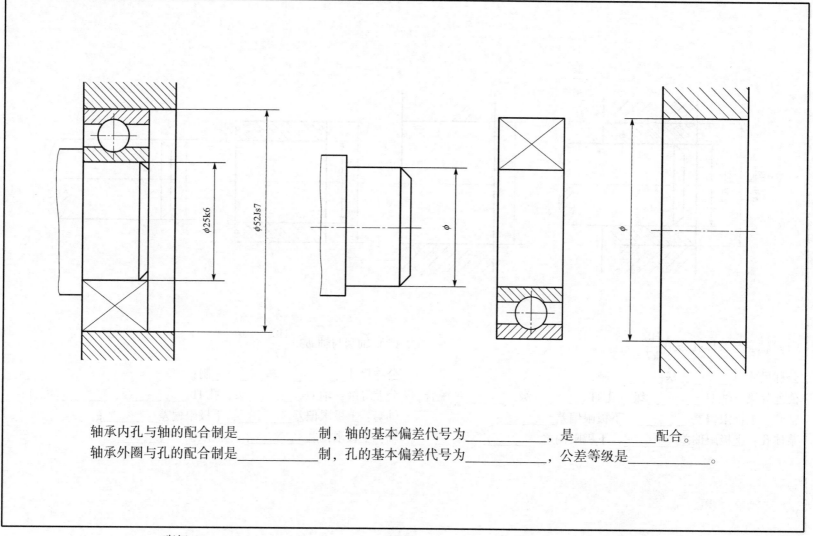

轴承内孔与轴的配合制是_____制，轴的基本偏差代号为_____，是_____配合。
轴承外圈与孔的配合制是_____制，孔的基本偏差代号为_____，公差等级是_____。

班级　　　　　　　　　姓名　　　　　　　　　学号

7-7 形状和位置公差练习。

1. 说明图中形位公差的含义。

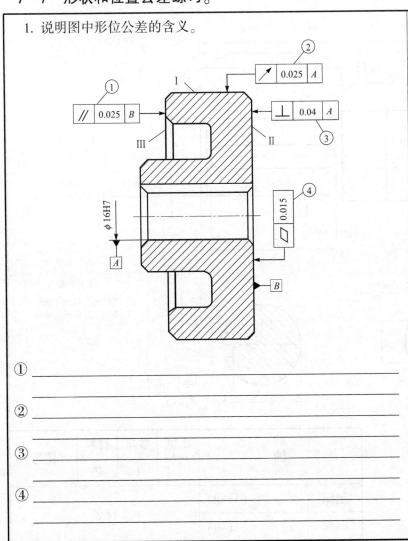

① _____

② _____

③ _____

④ _____

2. 将用文字说明的形位公差标注在图中。

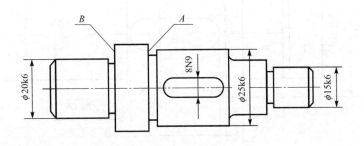

（1）ϕ25k6 对 ϕ20k6 和 ϕ15k6 的同轴度公差值 0.025；

（2）A 面对 ϕ25k6 轴线垂直度公差值 0.05；

（3）B 面对 ϕ20k6 轴线的端面圆跳动公差值 0.05；

（4）键槽对 ϕ25k6 轴线的对称度公差值 0.01。

7-8 读零件图,回答问题(一)。

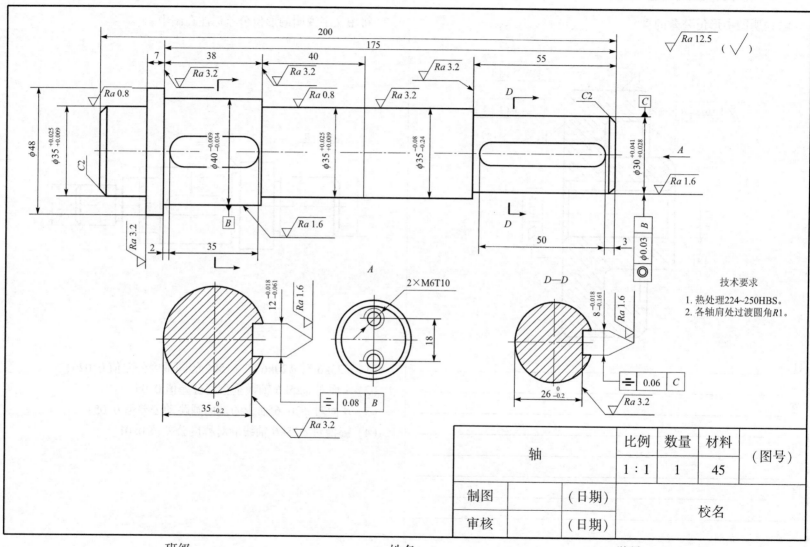

7-9 读零件图，回答问题（二）。

(1) 该零件的名称是_____，材料是_____，比例是_____。

(2) 该零件用_____个视图表示，各视图的名称是_____。

(3) 该零件上两个键槽的宽度分别为_____和_____，深度分别为_____和_____，长度方向的定位尺寸分别为_____和_____。

(4) 尺寸 $\phi 35^{+0.025}_{+0.009}$ 的上极限尺寸为_____，下极限尺寸为_____，公差为_____。

(5) 在该零件的加工表面中，要求最光洁的表面的表面粗糙度代号为_____，这种表面有_____处。

(6) 图中有_____处形位公差代号，解释框格 | ⚌ | 0.08 | B | 的含义：被测要素是_____，基准要素是_____，公差项目是_____，公差值是_____。

_____

7-10 读零件图，回答问题（一）。

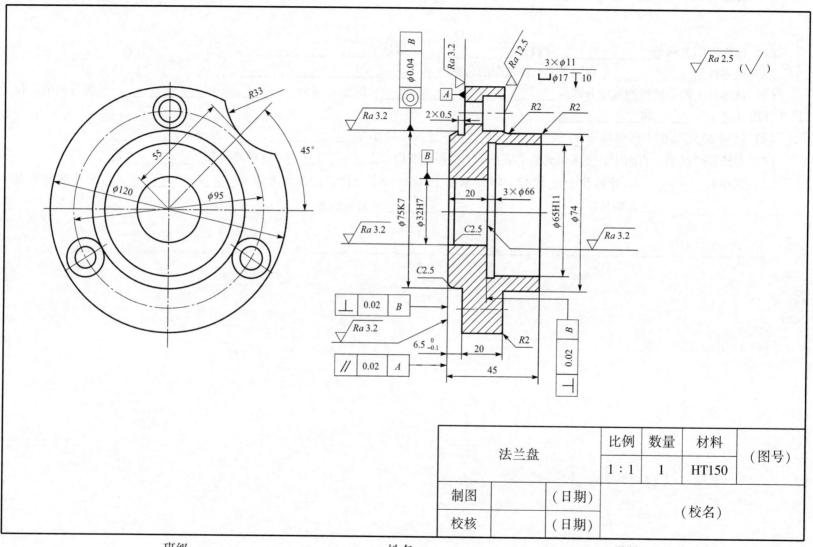

7-11 读零件图，回答问题（二）。

(1) 该零件的名称是_____，材料是_____，比例是_____。

(2) 该零件用_____个视图表示，哪一个是主视图？为什么？_____。

(3) 在图上用指引线指出零件的长度和高度方向的主要基准。

(4) 图中尺寸 $\begin{array}{c}3\times\phi 11\\ \sqcup\phi 17 \downarrow 10\end{array}$ 表示_____，沉孔的定位尺寸为_____。

(5) 图中有_____处公差带代号，$\phi 32H17$ 的含义为_____。

(6) 该零件左端面的表面粗糙度代号为_____，右端面的表面粗糙度代号为_____，要求最不光洁的表面粗糙度代号为_____。

(7) 图中有_____处形位公差代号，解释框格 $\boxed{\odot\ \phi0.04\ B}$ 的含义：被测要素是_____，基准要素是_____，公差项目是_____，公差值是_____。

(8) 请在下方画出右视图（尺寸直接从图中量取）。

7-12 读零件图，回答问题（一）。

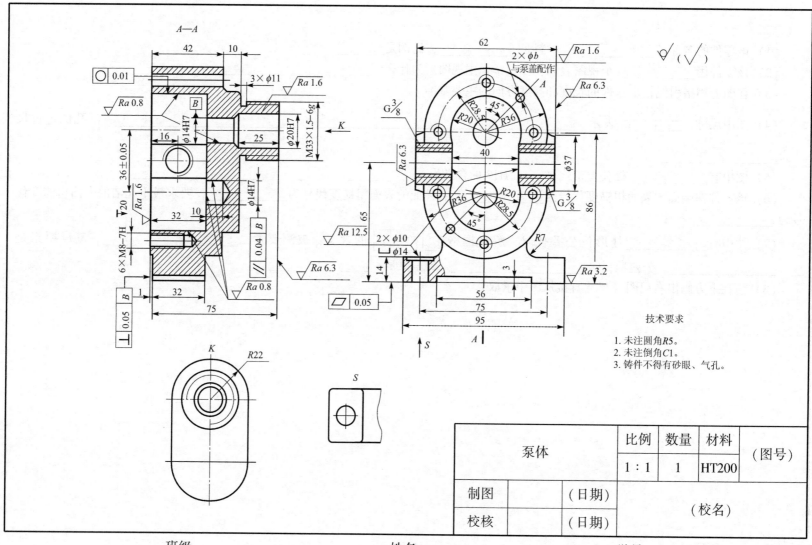

7−12　读零件图，回答问题（二）。

（1）该零件的名称是_____，材料是_____，比例是_____。
（2）该零件用_____个视图表示，各视图的名称及剖切方法是_____。
（3）在图上用指引线指出零件的长、宽、高方向的主要基准。
（4）G 3/8 是_____螺纹，3/8 是螺纹的_____，螺纹的旋向为_____。
（5）该零件的加工表面中，要求最光洁的表面的粗糙度代号为_____。
（6）φ14H7 的含义是_____。
（7）销孔 2×φ6 的定位尺寸是_____。
（8）螺钉尺寸"6×M8-7H▼20"中的 6 表示_____，M8 表示_____，7H 表示_____，▼20 表示_____。
（9）图中有_____处形位公差代号，解释框格 $\boxed{// \mid 0.04 \mid B}$ 的含义：被测要素是_____，基准要素是_____，公差项目是_____，公差值是_____。

7-13 零件图大作业：根据轴测图画出零件图。

2.

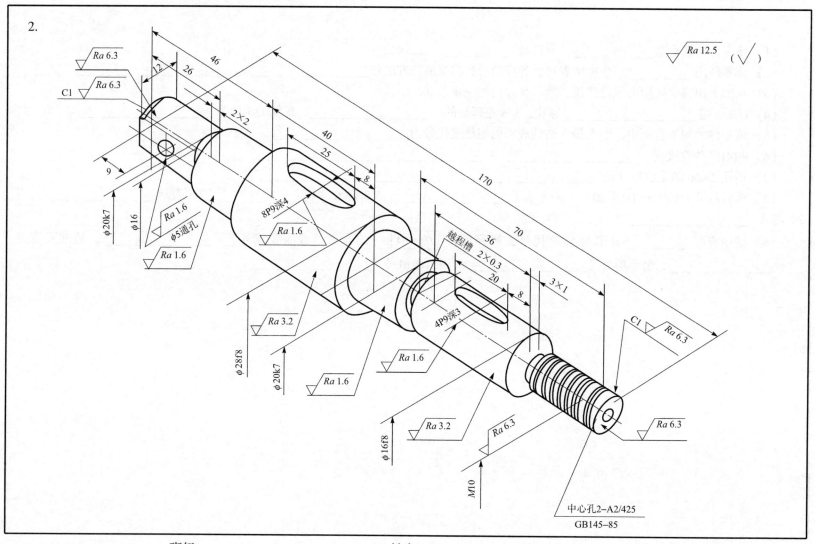

模块八 装 配 图

8-1 读钻模装配图，回答问题并拆画件4轴的零件图（一）。

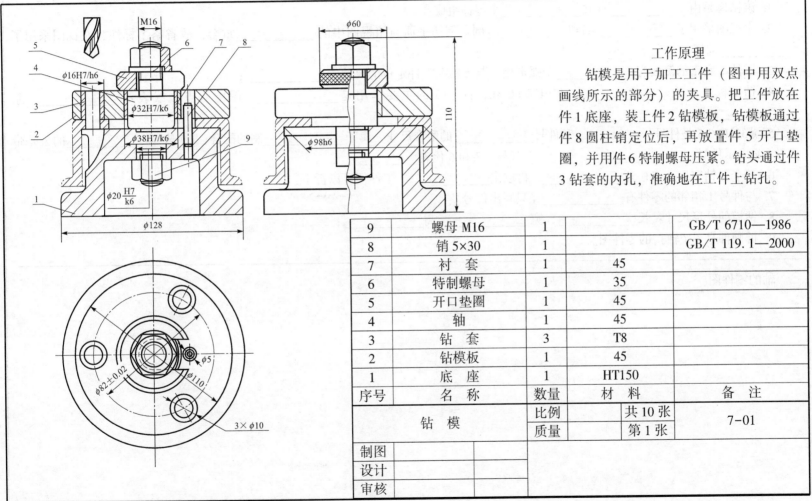

8-1 读钻模装配图,回答问题并拆画件 4 轴的零件图(二)。

解答问题:

1. 该钻模是由_____种共_____个零件组成;
2. 主视图采用了_____剖和_____剖,剖切平面与俯视图中的_____重合,故省略了标注,左视图采用了_____剖视;
3. 零件 1 底座的侧面有_____个弧形槽,与被钻孔工件定位的尺寸为_____;
4. 钻模板 2 上有_____个 φ16H7/h6 孔,件号 3 的主要作用是_____。图中双点画线表示_____,系_____画法;
5. φ32H7/k6 是件号_____和件号_____的配合尺寸,属于_____制的配合,H7 表示_____的公差带代号,k 表示件号_____的_____代号,7 和 6 代表_____;
6. 三个孔钻完后,先松开_____,再取出_____,工件便可以拆下;
7. 与件号 1 相邻的零件有_____(只写出件号);
8. 钻模的外形尺寸:长_____、宽_____、高_____;
9. 拆画件号 4(轴)的零件图。

轴的零件图:

班级　　　　　　姓名　　　　　　学号

8-2 读齿轮泵装配图，回答问题并拆画件9泵盖的零件图（一）。

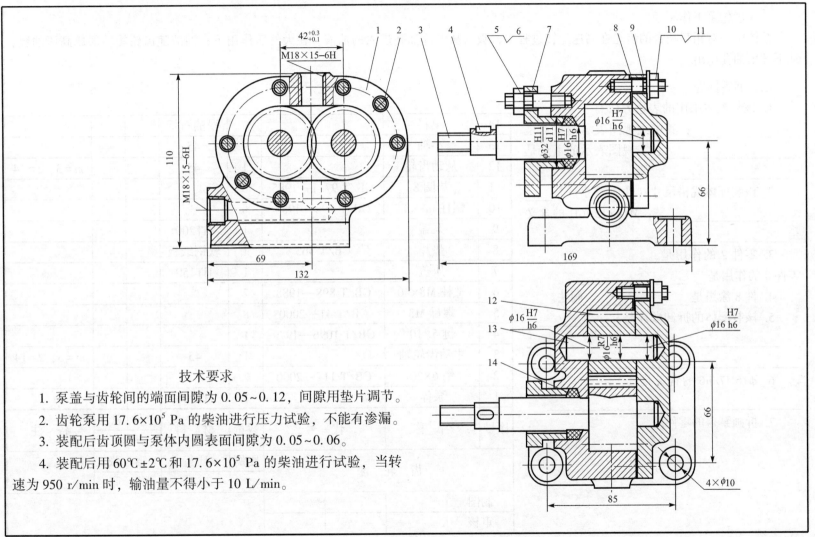

技术要求
1. 泵盖与齿轮间的端面间隙为 0.05~0.12，间隙用垫片调节。
2. 齿轮泵用 $17.6×10^5$ Pa 的柴油进行压力试验，不能有渗漏。
3. 装配后齿顶圆与泵体内圆表面间隙为 0.05~0.06。
4. 装配后用 60℃±2℃ 和 $17.6×10^5$ Pa 的柴油进行试验，当转速为 950 r/min 时，输油量不得小于 10 L/min。

班级　　　　　姓名　　　　　学号

— 103 —

8－2 读齿轮泵装配图，回答问题并拆画泵盖 9 的零件图（二）。

一、齿轮泵工作原理

泵体中一对相互啮合的齿轮在高速运转过程中，吸入从上部油孔进入的油液。在大气压作用下，油液随齿轮旋转形成高压油膜，从下部出油孔压出。

二、回答问题

1. 该装配体采用的表达方法有_____；其中主视图表示的重点是_____；右视图表示的重点是_____。

2. 该装配体规格尺寸（性能尺寸）是_____；M18×15-6H 的含义是_____。

3. 零件 2 的作用是_____；零件 8 的作用是_____。

4. 件 8 涂黑是_____画法。

5. 该装配体的拆卸顺序是_____。

6. $\phi 16H7/h6$ 的含义是_____。

7. 拆画泵盖的零件图。

序号	名称	代号	数量	材料	单件 重量	总计	备注
14	填料			浸油石棉			
13	小轴		1	45			
12	从动齿轮		1	45			$m=3$，$z=14$
11	垫圈 8	GB/T 97.1—1985	6				
10	螺柱 m8×32	GB/T 898—1988	6				
9	泵盖		1	HT200			
8	垫片	GB/T 365	1	软钢纸板			
7	压盖		1	HT150			
6	螺柱 M8×40	GB/T 898—1988	2				
5	螺母 M8	GB/T 41—2000	8				
4	键 5×10	GB/T 1096—1979	1				
3	主动齿轮轴		1	45			$m=3$，$z=14$
2	销 6×20	GB/T 117—2000	2				
1	泵体		1	HT200			

齿 轮 泵　　比例　　质量　　第　张　共　张

制图　　审核

班级　　姓名　　学号

8-3 根据千斤顶的装配示意图和零件图，拼画装配图（一）。

作业指导

1. 作业目的：
(1) 熟悉和掌握装配图的内容和表达方法。
(2) 了解绘制装配图的方法。
2. 内容与要求：
(1) 按教师指定的题目，根据零件图绘制1~2张装配图。
(2) 图幅和比例由教师指定。
3. 注意事项（画图步骤）：
(1) 初步了解：根据名称和装配示意图，对装配体的功能进行初步分析，并将其与相应的零件序号对照，区分一般零件与标准件，并确定其数量，分析装配图的复杂程度及大小。
(2) 详读零件图：根据示意图详读零件图，进而分析装配顺序、零件之间的装配关系、连接方法，搞清传动路线、工作原理。
(3) 确定表达方案：选择主视图和其他各个视图。
(4) 合理布图：先画出各视图的画图基准线（主要装配干线、对称线等）。
(5) 注意相邻零件剖面线的画法。标注尺寸，填写技术要求，编写零件序号。

千斤顶的装配示意图

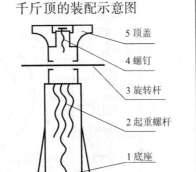

5 顶盖
4 螺钉
3 旋转杆
2 起重螺杆
1 底座

千斤顶的工作原理：
千斤顶是顶起重物的工具。使用时，按顺时针方向转动旋转杆3，使起重螺杆2向上升起，通过顶盖5将重物顶起。

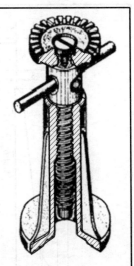

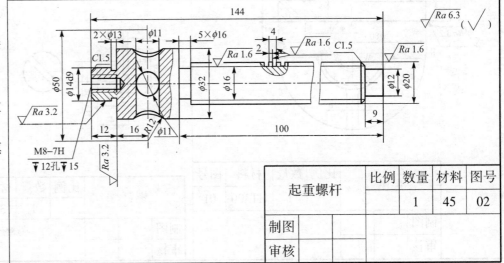

起重螺杆

	比例	数量	材料	图号
		1	45	02
制图				
审核				

班级　　　姓名　　　学号

8-3 根据千斤顶的装配示意图和零件图，拼画装配图（二）。

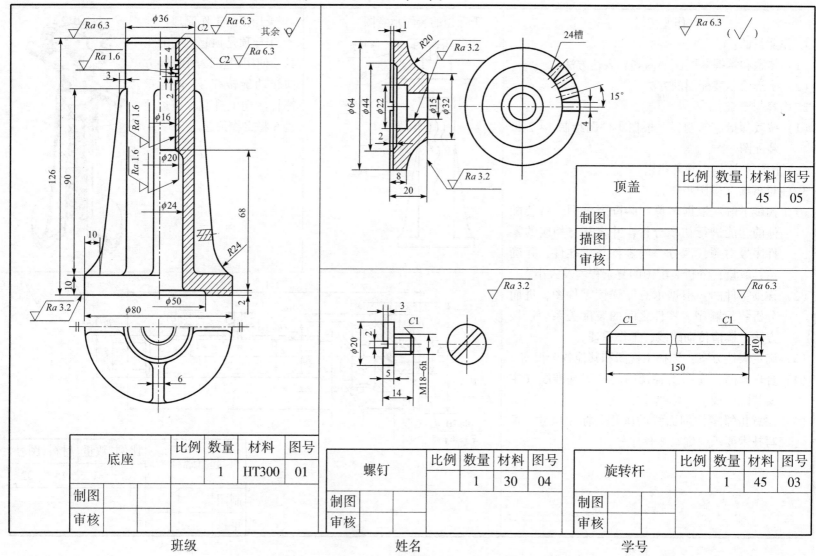